como fazer seu cachorro FELIZ

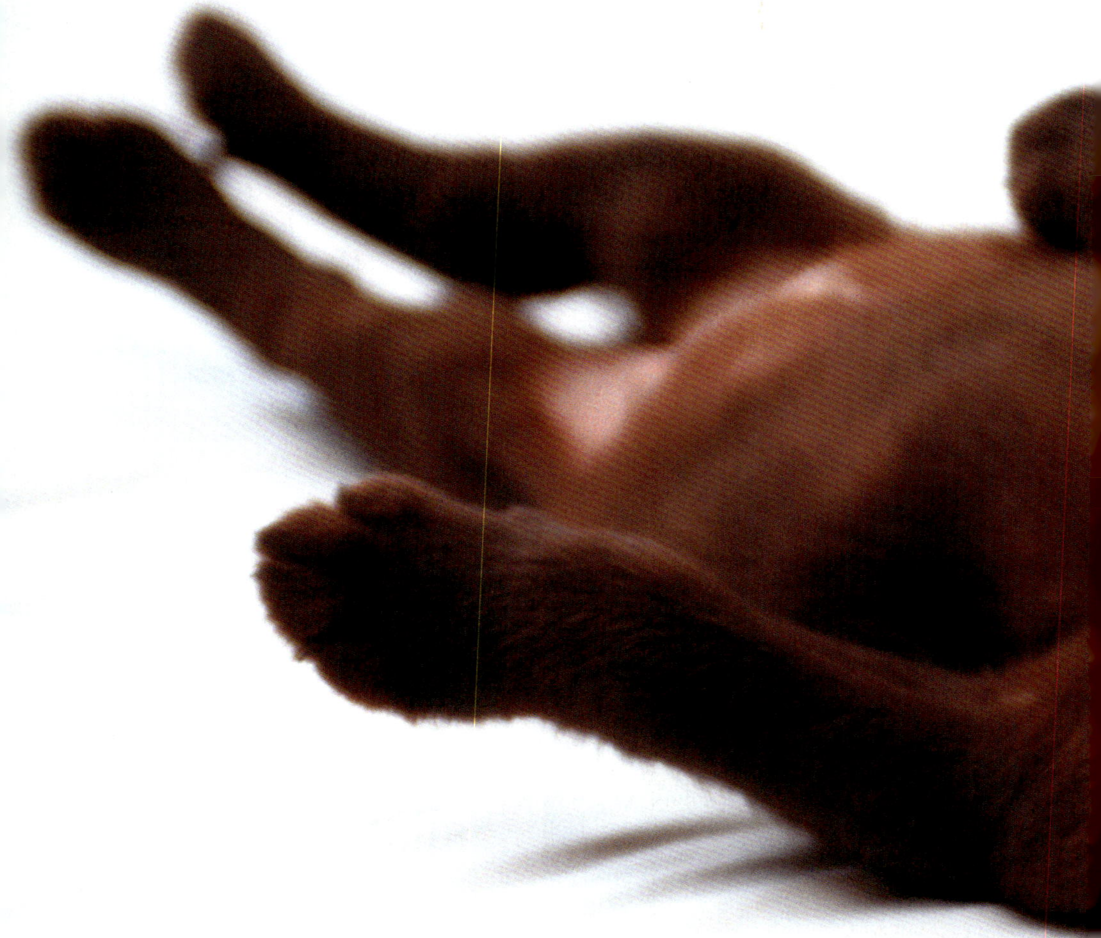

como fazer seu cachorro FELIZ

Dicas para conviver muito bem com seu cão

Andrea McHugh

Tradução de
Luiz Roberto Mendes Gonçalves

LAROUSSE

Originalmente publicado na Grã-Bretanha em 2006
com o título *How to Have a Happy Dog*
pela Hamlyn, divisão do Octopus Publishing Group Ltd
2-4 Heron Quays, Docklands, London E14 4JP

Copyright © 2006 Octopus Publishing Group Ltd
Copyright © 2008 by Larousse do Brasil
Todos os direitos reservados.

Edição brasileira
Gerente editorial **Solange Monaco**
Editor **Isney Savoy**
Assistência editorial **Leila Toriyama**
Coordenação **Praia da Palavra**
Preparação de texto e consultoria técnica **Maria Elisa Bifano**
Revisão **Paola Morsello e Ceci Meira**
Capa, diagramação e projeto gráfico **SGuerra Design**
Produção gráfica **Marcelo Almeida**

Dados Internacionais de Catalogação na Publicação (CIP)
(Câmara Brasileira do Livro, SP, Brasil)

McHugh, Andrea
  Como fazer seu cachorro feliz / Andrea McHugh ; tradução Luiz Roberto Mendes Gonçalves. -- São Paulo : Larousse do Brasil, 2008.

  Título original: How to have a happy dog
  ISBN 978-85-7635-275-4

  1. Cães - Comportamento 2. Cães - Criação 3. Cães - Psicologia 4. Felicidade I. Título.

08-00675   CDD-156.242

Índice para catálogo sistemático:
  1. Cães : Felicidade : Psicologia comparada   156.242

1ª edição brasileira: 2008
Direitos de edição em língua portuguesa, para o Brasil, adquiridos por Larousse do Brasil Participações Ltda.
Av. Profª Ida Kolb, 551 – 3º andar – São Paulo – SP – CEP 02518-000
Telefone (11) 3855-2290 – Fax (11) 3855-2280
E-mail: info@larousse.com.br
www.larousse.com.br

Sumário

Introdução 6
O que deixa os cães felizes? 8
Como falar "cachorrês" 24
Escolha um cão feliz 36
Filhote feliz, lar feliz 48
O cão adestrado 66
A comida do cão feliz 84
Exercícios 98
Veterinários, animais de estimação e medos 112
Os desafios 134
Felicidade na velhice 144
Índice 158
Agradecimentos 160

Introdução

Não há dúvida de que um cachorro pode dar prazer a sua vida e fazer de você uma pessoa mais feliz, mas seu cachorro é tão feliz quanto poderia ser? Você o alimenta e passeia com ele, mas faz o possível para que ele tenha uma vida divertida? Se você já tem um cão ou está pensando em arranjar um, há muitas coisas que pode começar a fazer desde já para garantir que ele seja realmente feliz – o cão mais feliz de todos.

Há séculos acadêmicos e filósofos tentam definir a felicidade. Na opinião geral, é uma sensação agradável de satisfação e bem-estar – essa parece ser a definição mais próxima. Certamente é um estado de espírito que todos buscamos neste mundo moderno e caótico.

Embora os cientistas ainda não tenham inventado um equipamento capaz de medir com precisão a felicidade em seres humanos ou animais, eles confirmaram recentemente que os cães riem quando estão contentes. É verdade! Esse é apenas um dos vários fatos fascinantes que você vai descobrir nas páginas deste livro. Apesar de nós, humanos, não conseguirmos ouvir a risada de um cão, parece que quando eles riem também deixam os outros cachorros muito mais felizes. Então, como você pode ver, está confirmado: a felicidade é realmente contagiante!

Este livro vai ensiná-lo a entender o comportamento do cachorro, para que ele possa comunicar seus sentimentos. Você vai aprender o que o deixa feliz e o que o irrita. Durante a leitura, aprenderá a evitar problemas antes que eles surjam e a aproveitar as últimas pesquisas científicas para melhorar a vida do seu cão. Há muito a aprender, mas realmente vale a pena! Saber que você fez tudo o que podia para fazer seu cachorro transbordar de alegria e saúde é uma experiência enriquecedora. E o melhor é que não exige muito tempo, dinheiro ou esforço. Tenha uma boa leitura.

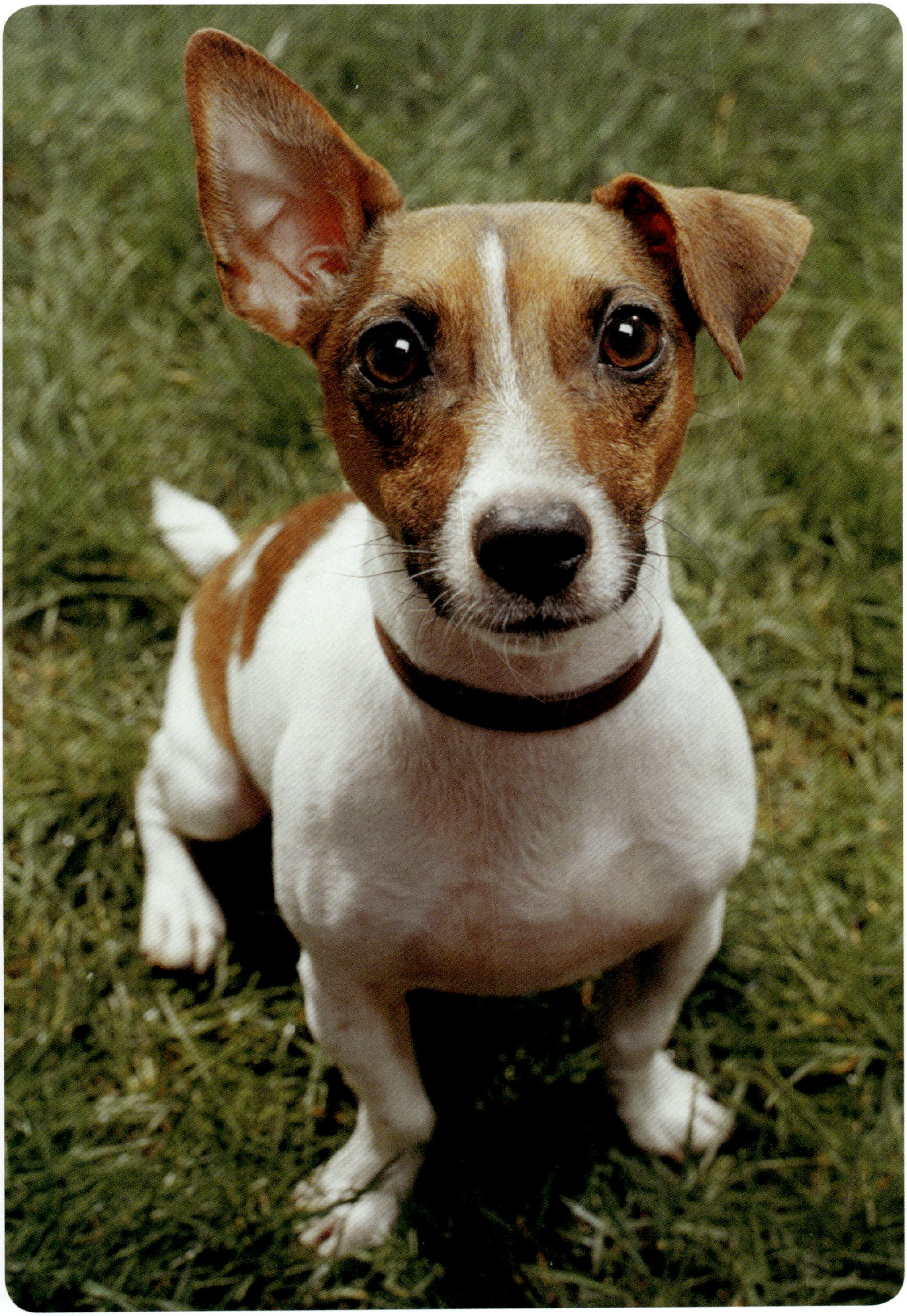

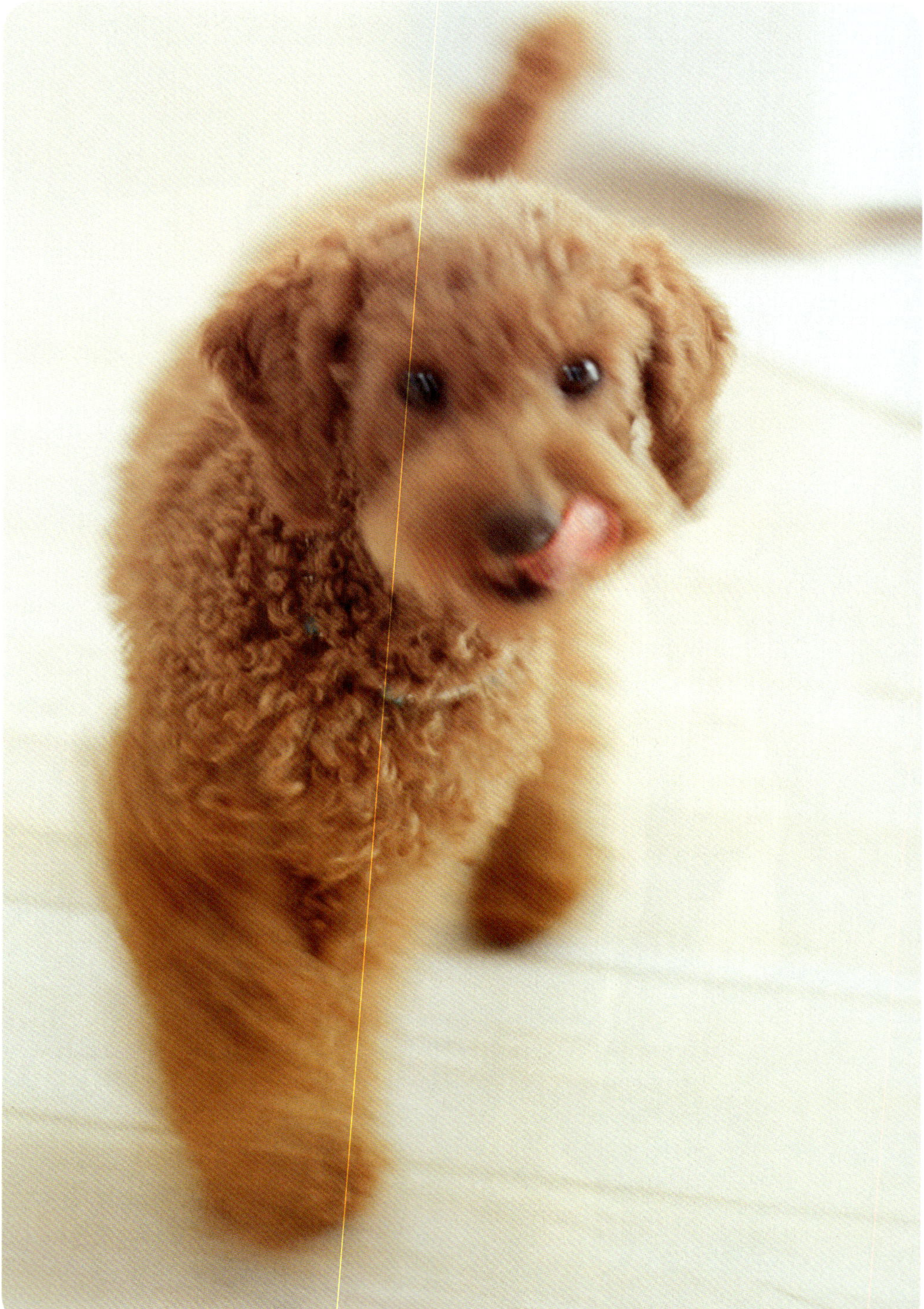

1 O que deixa os cães felizes?

Há uma enorme diferença entre dar a um cachorro o que ele precisa para sobreviver e se esforçar para garantir sua felicidade. Para isso, você precisa saber o que deixa um cachorro feliz e o que não.

De modo geral, os cachorros realmente gostam de agradar às pessoas e querem participar de nossas vidas. Garantir que ele se sinta seguro, amado e bem-vindo em sua "matilha" provavelmente é o item principal na lista de desejos de um cão.

Sobrevivência básica

Há quatro itens básicos para que o cão sobreviva:
- Comida – procurar restos ou alimentar-se de comida humana não é saudável. Os cachorros precisam de comida para cães que contenha todos os nutrientes necessários.
- Água – acesso constante a água potável e limpa é imprescindível.
- Exercícios – os cães precisam de atividade e passeios regulares para se manterem fisicamente saudáveis e mentalmente estimulados.
- Abrigo – a proteção contra o frio e o calor excessivos é essencial.

Requisitos para a felicidade

Além dos itens básicos de sobrevivência, os cães precisam de uma dedicação extra de seus donos para serem felizes, o que inclui:
- Companheirismo – os cães são animais de matilha, mas quando não têm acesso a uma usam pessoas ou outros animais de estimação para substituí-la.
- Socialização – aprender a comportar-se bem com outros cães e pessoas é essencial para evitar que o cachorro se torne ansioso, agressivo e isolado.
- Treinamento – o treinamento básico torna a vida de todos muito mais fácil. Um cão bem treinado pode ser levado a qualquer lugar e será confiante e feliz.
- Asseio – algumas raças exigem mais cuidados que outras, mas todos os cães só se beneficiam ao serem penteados, escovados e banhados.
- Rotina – os cães gostam de sair para passear e de se alimentar em horários fixos. Isso se torna ainda mais importante quando eles ficam «idosos».
- Assistência veterinária – cuidados de saúde preventivos e regulares irão garantir que seu cão tenha uma vida longa e saudável.

A refeição do cachorro

Seu cachorro parece adorar o jantar da família, abana o rabo e se mostra contente quando participa da refeição, mas essa dieta não vai fornecer todos os nutrientes de que ele precisa e poderá causar-lhe problemas de saúde. O que você deve dar para o seu cão comer?

PESQUISA
Os cães precisam de 37 nutrientes essenciais para uma dieta completa. Se faltar qualquer um desses nutrientes, a dieta é considerada inadequada. A maioria das rações secas é "completa", assim como muitas rações úmidas. Mas algumas precisam ser complementadas com biscoitos secos, por isso leia sempre as embalagens.

Para ser feliz e saudável, seu cachorro vai precisar de alimentos diferentes em cada etapa da vida. Suas exigências nutricionais vão mudar conforme ele for crescendo de filhote para adulto e se tornar idoso. Felizmente, é fácil atender a essas diferentes necessidades, pois existe uma grande variedade de rações saborosas e desenvolvidas cientificamente. Também há rações específicas para certas raças. Em caso de dúvida, peça orientação ao seu veterinário.

Tipos de alimentos

Existem dois tipos gerais de rações para cães:
Rações úmidas Embaladas em latas, ou sachês, elas contêm até 70% de umidade, o que as torna um alimento realmente caro.
Rações secas Embaladas em caixas ou sacos plásticos, as rações secas são fáceis de armazenar e têm maior durabilidade que as úmidas. Menos complicadas de usar, geralmente contêm menos de 10% de umidade e, portanto, são mais econômicas. O lado negativo é que como as rações secas têm mais calorias é fácil ultrapassar a dose aconselhável. É essencial que o cão tenha acesso constante a água limpa e fresca.

Carne crua

Como os cães descendem dos lobos, muitas pessoas acham que é mais saudável e natural alimentá-los com carne crua. Há argumentos contra e a favor desse tipo de dieta, mas é preciso notar que muitas raças de cães domésticos não mastigam nem digerem bem carne crua – e ossos são perigosos, pois as lascas podem perfurar seu intestino.

Embora certos nutrientes essenciais se percam com o cozimento, o processo reduz o risco da presença de bactérias. Devido aos métodos agrícolas intensivos muito usados hoje e à crescente probabilidade de contaminação, é mais seguro dar ao seu cão carne cozida ou ração preparada industrialmente.

Os cães que se alimentam só com carne podem vir a sofrer deficiência de cálcio e outros minerais; por isso, para manter seu cão bem e feliz, peça a opinião do veterinário.

Alimentos a evitar

Chocolate Contém teobromina, que em grande quantidade pode ser fatal para os cães, causando vômitos, agitação, palpitações e ataques. O chocolate próprio para animais é rico em gorduras, por isso só o dê ocasionalmente.
Uvas e uvas-passas Podem ser tóxicas para os cães e causar falência renal.
Cebola Se for consumida em excesso, pode causar anemia.
Alho Da família da cebola, se ingerido em grande quantidade pode causar problemas de pele e asma. Se for usado como repelente de pulgas, é aconselhável dá-lo durante cinco dias, seguidos de um intervalo de dois dias.
Lactose Encontrada nos laticínios, não é bem digerida por cachorros já desmamados.
Frutas Os altos níveis de açúcar e a acidez podem causar distúrbios gástricos.

Batatas As batatas cozidas não são tóxicas, mas não são bem digeridas. As batatas verdes cruas contêm solanina, que é tóxica para cães.

Água

Os cachorros não conseguem armazenar água com facilidade, e a desidratação pode ser fatal. Cerca de 60% do corpo de um cão adulto é composto de água, e até uma pequena perda pode ser séria. Os cães precisam de cerca de 45-50 ml de água por quilo de peso corporal por dia, mas o clima, o exercício praticado e a dieta devem ser levados em conta.

Dica do cão feliz

Os cães podem ser vorazes e nem sempre sabem instintivamente o que é bom para eles – por isso controle a dieta de seu animal.

Exercícios e diversão

"Vamos passear?" é uma pergunta que seu cão ficará feliz em ouvir todos os dias. O exercício regular é vital para o bem-estar físico e emocional e uma ótima maneira de vocês estarem juntos, se divertirem e ficarem em forma.

Tente fazer brincadeiras durante o passeio diário com seu cão para mantê-lo interessado e concentrado em você. Isso é especialmente útil se ele se distrai facilmente e é dispersivo. Use sua imaginação e varie as brincadeiras, mas certifique-se de que seu cachorro não sofra com o excesso de frio ou de calor (veja págs. 14-15). Veja nas páginas 100-101 idéias que poderão agradar a vocês dois.

> **Dica do cão feliz**
> A falta de exercício vai deixar seu cão chateado e gordo, tendendo a comportamentos destrutivos. Passeie com ele todos os dias.

"Colocá-lo no quintal por meia hora não basta!"

Quanto?

A quantidade de exercício de que seu cão precisa diariamente vai mudar com o tempo, mas seja qual for a idade dele leve em conta fatores como raça, porte e saúde (e não se esqueça de avaliar as condições do tempo).

Cães como o border collie ou o labrador precisam de mais exercício do que cães de companhia como o yorkshire ou o shih-tzu, que podem se contentar com uma caminhada ao redor do quarteirão e brincar de pegar a bola no jardim. Os criadores e seu veterinário podem aconselhar sobre os exercícios adequados.

Os filhotes ainda estão em desenvolvimento e as almofadas de suas patas são delicadas, por isso evite pisos ásperos e brincadeiras que forcem as juntas, como segurar algo no ar para ele saltar e pegar. Não deixe que se aproxime de outros cães enquanto não tiver completado as vacinas.

Cães mais velhos podem ser mais lentos e se cansar facilmente, mas em geral ficam excitados demais e não demostram nada a seus donos, correndo atrás da bola sem parar e expondo-se ao risco de lesões. Conforme seu cão envelhecer, faça brincadeiras mais curtas e leves. O cachorro mais velho pode relutar em sair para o passeio, especialmente no inverno, mas agasalhe-o e insista, pois o exercício vai ajudá-lo a conservar a mobilidade e o vigor.

PESQUISA

Um estudo de dois anos com um grupo de beagles mais idosos (7 a 11 anos) concluiu que o exercício regular e o estímulo mental, aliados a uma dieta rica em antioxidantes, é a melhor maneira de manter os cães saudáveis e felizes. Os pesquisadores concluíram que os cães que praticam exercícios regulares e que brincam com outros cães e brinquedos estimulantes conseguem aprender truques com muito mais facilidade do que os outros. Portanto, você pode "ensinar novos truques a um cão velho" – desde que cuide dele adequadamente.

Dicas de exercícios

- Fazer exercícios duas ou três vezes por dia é melhor que uma sessão longa.
- Experimente exercitar o cão por meia hora antes de alimentá-lo e antes do período em que ele for ficar sozinho. Colocá-lo no quintal por meia hora não basta!
- As esteiras rolantes para cães não ajudam muito a estimulá-los e não contribuem para melhorar a relação dono-animal. Por isso, calce o tênis, compre brinquedos como aros e bolas e divirtam-se.

Dentro ou fora?

Seu cão não ficará feliz se não tiver um abrigo contra chuva, vento, frio ou calor excessivos. O cachorro que fica no quintal, sem acesso a uma área fresca para se abrigar, pode ter insolação ou desidratação – que costumam ser fatais. Do mesmo modo, num dia frio de inverno, o cachorro pode sentir frio ao relento, especialmente se tiver pelagem curta ou fina.

Até cães resistentes como o border collie ou pastor-alemão, que muitos donos acham que ficam bem fora de casa, devem ter um canil ou abrigo limpo e seco, adequado para se proteger.

PESQUISA
Estudos revelam que o ritmo frenético da vida moderna afeta tanto as pessoas como os cães. Em uma pesquisa feita com donos de cães, metade dos pesquisados afirmou levar uma vida estressante e se considerou responsável por tornar seus animais ansiosos. Especialistas em comportamento animal acreditam que cães cujos donos são muito ocupados ficam muito tempo sozinhos, o que cria problemas de comportamento.

Dica do cão feliz
Muitos cães apreciam a música. Deixar o rádio tocando quando tiver de sair pode ser muito tranqüilizador.

Cercado para filhotes

Um cercado para cães pode dar ao seu amigo uma sensação de segurança, e também tem a vantagem de ser portátil, de modo que pode ser levado por você quando viajar para visitar amigos. Pode ser especialmente útil para filhotes que precisam de supervisão constante. Um cercado feito de painéis de aramado dobráveis será um excelente lugar para o filhote, podendo ser dobrado quando não estiver em uso.

Acostume o filhote ao seu "covil" desde cedo, mas não o deixe lá durante horas. Seu filhote (ou cão adulto) pode ficar feliz em dormir no cercado, desde que tenha acesso a água e a cama confortável, de panos ou jornais. Para treiná-lo a ficar no cercado, veja págs. 120-121.

Vida ao ar livre

Alguns cães de trabalho, especialmente os que têm pelagens espessas como o terra-nova ou o pastor bernês, vivem muito felizes num canil externo. Na verdade, alguns deles acham desconfortável ficar muito tempo dentro de casa, pois sentem muito calor.

Se seu cachorro fica fora de casa, você deverá lhe dar um abrigo contra o vento e uma cama confortável, com acesso constante a sombra, alimento e água frescos. Existem canis e cercados feitos especialmente para cães que ficam ao ar livre.

Calor excessivo

Evite deixar o cachorro sozinho dentro do carro, ainda que por períodos curtos. Mesmo que você tenha estacionado num lugar à sombra, o sol vai se mover e em poucos minutos o carro pode se tornar um forno, com temperaturas tão altas que podem fazer que o cão tenha insolação ou desidratação.

Donos que trabalham

Alguns donos de cães acham conveniente deixar seu animal num canil ou cercado externo durante o dia enquanto estão trabalhando. Se você pretende adotar esse regime com seu cão, faça-o gradualmente e torne esse canil um lugar divertido e interessante. Dê-lhe muitos brinquedos, esconda petiscos para ele procurar durante o dia e prepare um lugar onde ele possa subir e descer com segurança para que ele se exercite.

Se possível, volte para casa na hora do almoço e passe um tempinho com o cão. E, se você souber que vai voltar tarde, combine com algum vizinho ou amigo para cuidar do animal.

> "Alguns cães de trabalho ficam felizes morando num canil externo."

Relacionamentos

Os cachorros são animais de matilha, e em qualquer bando só pode haver um líder – posição que muitas vezes é disputada. Se tiver a oportunidade, um cachorro voluntarioso pode se considerar o chefe da matilha em sua família, tendo portanto direito ao melhor de tudo!

Infelizmente, os cães que conseguem ser o "número 1" numa casa dificultam muito a vida para todos os subordinados (isto é, você!). Muitos problemas de comportamento como latir em excesso, agressividade, roubar comida, ocupar o sofá inteiro, entre outros, podem ser muito complicados e, se não forem enfrentados no início, poderão ser muito difíceis de superar sem a ajuda de um especialista em comportamento animal.

Para o seu cão, é muito estressante ser o chefe da casa. Permitir que ele assuma esse papel não o fará feliz, especialmente se mais tarde ele for considerado um cachorro "mau" e abandonado num abrigo para animais. Para que seu cão se sinta feliz e descontraído em casa, ele deve aprender a aceitar que não é o líder da matilha e que nunca será.

> "Permitir que seu cão seja o chefe da casa não vai fazê-lo feliz."

Você sabia?

Os cachorros descendem dos lobos, e uma matilha de lobos sempre tem um casal dominante. Mas os lobos não mantêm a posição dominante lutando constantemente com os outros membros do bando. Eles fazem isso com sutileza, usando a postura corporal e atitudes para deixar claro quem manda.

O lar do cachorro

Seu cão deve saber que ele ocupa uma posição inferior na matilha familiar: acima dele estão as crianças e você e seu parceiro(a) no topo. Outros animais de estimação também devem ser levados em conta: se você já tem um cachorro e arranjar um novo filhote, o cão mais antigo deve manter sua posição na casa, assim não se tornará inseguro ou agressivo, sentindo-se ameaçado.

PESQUISA

Estudos mostram que os donos de "primeira viagem" têm mais probabilidade de criar cães agressivos que tentam dominá-los, possivelmente devido à inexperiência em comunicar-se e lidar com cachorros ou com a raça que escolheram. Os cães usados para procriação e exposição demonstram menos desejo de dominação que a média, fato que talvez se explique porque eles foram treinados para se submeter a procedimentos um pouco mais invasivos.

Como ser o "cão chefe"

- Alimente seu cão depois de todo mundo, incluindo outros animais de estimação (veja pág. 59).
- Destine a ele um lugar para dormir afastado do seu quarto (veja pág. 59).
- Inicie a interação com o cachorro, e não o contrário.
- Faça cursos de adestramento (veja Capítulo 5 – O cão adestrado).
- Só lhe dê atenção quando ele estiver se comportando bem.
- Ignore comportamentos indesejáveis e reforce o bom comportamento com elogios e recompensas.
- Mesmo com filhotes, seja claro e coerente com as regras da casa, como não subir em móveis.
- Mande castrá-lo (veja págs. 60-61).
- Apesar de ele ser seu melhor amigo, nunca esqueça que ele é o cachorro e você o chefe da casa. Reforce sua posição de líder da matilha com o tom de voz, contato visual e uma postura corporal de dominação.

Estímulos e treinamento

Os cães são animais muito inteligentes, por isso precisam de estímulos mentais constantes. Cães entediados e sem motivação (especialmente raças de trabalho como o border collie ou o collie barbudo) tendem a compensar a falta de estímulo desenvolvendo suas próprias formas de diversão, muitas das quais são inaceitáveis para seus donos.

Um cão infeliz e sem estímulo pode dormir demais, roer móveis e roupas, uivar e latir constantemente, correr atrás de veículos ou animais, se machucar, andar de um lado para outro, demonstrar agressividade ou tornar-se excessivamente dependente de seus donos.

Não castigue

Se seu cachorro demonstrar tendências destrutivas ou comportamento indesejável, nunca recorra a castigos físicos. Gritos ou pancadas são uma resposta negativa ao comportamento de chamar a atenção, e devem ser evitados. Tente descobrir a razão para tal comportamento e tome medidas para controlar e modificar a situação. Além disso, sempre consulte o veterinário para descartar a hipótese de haver uma causa física.

12 dicas para um cão mais feliz

Há muitas maneiras de manter um cachorro mentalmente estimulado que não tomam muito tempo: alguns minutos por dia farão uma grande diferença sobre a visão de vida de seu cachorro. O segredo é introduzir variedade e desafios mentais que ele possa apreciar. Sua recompensa será um cão mais feliz e mais alerta, e uma companhia prazerosa.

1. Considere uma nova atividade como treinamento de *agility* ou *heelwork* (veja Capítulo 7, Exercícios).
2. Experimente exibi-lo nas aulas de diversão nas exposições de cães, como o cão que mais abana o rabo ou o melhor comedor de biscoitos.
3. Ensine-lhe alguns truques novos, como rolar ou bater com a pata na palma da sua mão.
4. Matricule-o num curso avançado de treinamento para cães.
5. Dê nomes aos brinquedos do seu cão e ensine-os a ele. Peça a ele que vá buscá-los para você um de cada vez.
6. Incentive-o a pensar por si mesmo com um novo método, como o treinamento com *clicker* (veja págs. 74-75).
7. Use brinquedos interativos que você enche de ração e que a soltam aos poucos, conforme são movidos durante a brincadeira.
8. Esconda petiscos na casa e no jardim e incentive seu cão a procurá-los.
9. Envolva-o na vida familiar, viajando com ele, por exemplo.
10. Varie o trajeto de seus passeios e procure novos locais para você desfrutar.
11. Se seu cachorro gostar de nadar no verão, leve-o para passear perto da água ou lhe dê algumas sessões de hidroterapia.
12. Faça passeios com outros donos de cães para que o seu tenha bastante contato social.

Dicas de brinquedos

- Proporcione ao seu cachorro um pouco de "terapia ocupacional" com uma variedade de brinquedos de diversos formatos, tipos e texturas.
- Escolha brinquedos que possam ser atirados, mordidos ou jogados com segurança, e alguns que possam ser compartilhados com você.
- Guarde um ou dois brinquedos que o seu cão aprecie especialmente como "prêmios" e use-os como recompensa por bom comportamento.
- Evite atirar paus (pois farpas podem ficar presas na garganta dele) ou pedras pequenas (que ele pode engolir ou inalar).

Cães saudáveis e felizes

Todo mundo gosta de ver um cão saudável e feliz, e pode ser muito estressante quando um animal muito amado adoece. A maioria dos donos faria qualquer coisa para ajudar seu cão a recuperar os olhos brilhantes, o focinho úmido e frio, a cauda abanando feliz e desfrutando totalmente a vida. Felizmente, houve tantos avanços na veterinária que muitas doenças antes consideradas fatais hoje são totalmente evitáveis.

Muitas vezes o motivo pelo qual um dono permite que seu cão adoeça é a idéia enganosa de que a saúde preventiva é um gasto desnecessário. A lógica é que, se não há um problema evidente, não há motivo para ir ao veterinário. No entanto, levar o cão para um exame anual, manter as vacinas em dia e implantar um *microchip* irão resultar em economia de dinheiro e evitar sofrimento desnecessário.

PESQUISA
Está disponível no mercado um novo sistema de teste genético que permite retirar uma amostra de saliva e registrar a composição da estrutura genética de um cachorro, de modo que, se ele se perder ou for roubado, será possível provar sua identidade. Também é possível fazer testes de doenças hereditárias. Por exemplo, os cientistas esperam que a catarata nos staffordshire bull terriers seja eliminada em breve, agora que identificaram o gene que causa o problema.

Check-up anual
Essa é uma ótima oportunidade para discutir qualquer preocupação com o veterinário e se certificar de que seu cão está bem. Além de dar vacinas de reforço (veja abaixo), o veterinário vai pesar e examinar o cachorro. Ele vai verificar os olhos, os ouvidos, os dentes, a pele, a pelagem, o peso e a respiração. Ele também vai auscultar o coração do animal e apalpá-lo em busca de caroços internos ou externos.

Vacinação
As vacinas são fabricadas por meio de amostras diminutas e desativadas de doenças, que geralmente são injetadas no cachorro para estimular o sistema imunológico a produzir anticorpos que combatem essas doenças (algumas vacinas são administradas como *spray* no focinho do cão). Estas darão proteção ao cachorro se ele vier a ter contato com a doença no futuro.

Os cães geralmente são vacinados contra as seguintes doenças, algumas das quais são altamente infecciosas e podem ser fatais:

Cinomose Vírus que causa secreção nasal, tosse, vômito, diarréia e convulsões. Os cães afetados ficam muito mal e podem morrer.
Hepatite Vírus que ataca o fígado e pode causar sua falência.
Parvovirose canina Vírus muitas vezes fatal que causa vômito e diarréia graves, geralmente em filhotes.
Leptospirose Causada por uma bactéria geralmente transmitida por ratos, é transmissível aos seres humanos. Cães que entram em rios estão sujeitos à doença, que causa icterícia e falência do fígado.
Tosse de canil (traqueobronquite infecciosa ou parainfluenza) Não é grave em animais saudáveis, mas se dissemina com muita rapidez e os hotéis de cães mais reputados insistem em que eles sejam vacinados antes de aceitá-los. Causada por uma combinação de três vírus (parainfluenza canina, adenovírus canino 2 e bordetela), resulta normalmente em uma tosse severa, que pode levar um ou até dois meses para passar.
Raiva A vacinação é obrigatória em muitos países devido ao risco de essa doença fatal passar para o homem. Não é necessária para cães em países onde foi erradicada, como Reino Unido, Irlanda, Austrália, Nova Zelândia e Japão, exceto para cachorros que viajem ao exterior (veja págs. 126-127).

As vacinas são eficazes e oferecem boa proteção. No entanto, nos últimos anos alguns donos começaram a questionar a necessidade das vacinas e sua segurança. Há diversas opções com respeito à freqüência e, se você teme possíveis reações adversas, converse com o veterinário, que o ajudará a decidir como e quando seu cão deve ser vacinado.

Microchips

Implantar um *microchip* no seu cão vai aumentar as chances de ele ser devolvido em segurança se se perder. É um procedimento indolor que pode ser realizado pelo veterinário ou um enfermeiro treinado. Um pequeno *chip* do tamanho de um grão de arroz é injetado, geralmente na base do pescoço (nuca). O *chip* é lido por meio de um escâner e os detalhes são checados com um banco de dados central.

Pulgas e outros parasitas

Aplicar antipulgas regularmente em seu cão e vermifugá-lo vão ajudar a mantê-lo saudável. Alguns cães têm reações alérgicas graves a mordidas de pulgas e ficam impacientes, lambendo constantemente o pêlo e deixando a área dolorida, inflamada e infectada.

Existem vermífugos em comprimidos ou em pasta, com uma seringa inserida na boca do cachorro.

Há diversos tratamentos eficazes contra pulgas: por via oral, em *spray*, ou pipetas que são espremidas no pêlo (*spot-on*). Tratamentos alternativos ajudam a repelir as pulgas, mas não a matá-las. Consulte o veterinário para saber qual é a melhor opção para o seu cão.

Dicas de *microchip*
- Escolha um fornecedor confiável (como seu veterinário) de *microchips* de alta qualidade.
- Mantenha os detalhes atualizados. Peça para o veterinário checar o *chip* nos exames anuais do seu cão.

Bom cachorro!

Você vai deixar seu cão muito feliz se o recompensar por bom comportamento. Desse modo ele ficará motivado e mais ligado a você. Há muitos tipos de recompensa que você pode usar. Seja pródigo com a recompensa, especialmente se estiver ensinando alguma coisa nova ao seu cachorro, mas cuidado para não exagerar nas calorias!

Você não gostaria de trabalhar por nada, e seu cão também não, por isso recompense-o com elogios, petiscos, sessões de brincadeiras ou dando-lhe mais atenção. Descubra o que faz seu cão vibrar, pois cada cachorro é diferente – por exemplo, alguns são motivados por comida, outros por brincadeiras. Você pode usar a recompensa como um meio de fazê-lo repetir um comportamento, como se aproximar quando for chamado ou aprender um novo truque.

Como funciona a recompensa

Quando estiver ensinando algo novo, recompense o cachorro toda vez que ele acertar. Quando a recompensa é valorizada (como um brinquedo favorito ou uma comida muito gostosa, veja abaixo), seu cachorro continuará repetindo o comportamento para ganhar mais.

O segredo é marcar o comportamento de alguma maneira, como com um comando verbal, um assobio ou sinal visual, depois recompensar imediatamente. Aos poucos, você conseguirá fazer seu cão obedecer simplesmente usando o comando, assobio ou sinal visual, e poderá recompensá-lo só de vez em quando. Com o tempo você poderá eliminar as recompensas – mas um elogio verbal ou prêmio ocasional sempre são apreciados. Usar um *clicker* também ajuda a estimular determinados comportamentos (veja págs. 74-75).

PESQUISA

Em 1928, o psicólogo russo Ivan Pavlov estudou o comportamento dos cães e fez uma importante descoberta que ele chamou de "reflexo condicionado". Quando ele oferecia comida aos cachorros, estes começavam a salivar de expectativa. Então ele criou uma associação desse comportamento com uma campainha e logo verificou que os cães salivavam involuntariamente ao ouvir a campainha, mesmo quando não lhes era oferecida comida. Essa é a base da terapia comportamental canina utilizada hoje.

Tipos de recompensa

Comida Escolha alimentos pequenos, visíveis, de odor forte e que não se quebrem quando atirados, como queijo, frango e biscoitos caninos. Não use chocolate ou outros petiscos doces que podem engordar ou ser prejudiciais à saúde.

Brinquedos Mantenha alguns brinquedos favoritos escondidos do seu cachorro e só os dê a ele por períodos de tempo limitados, como prêmio por um comportamento especialmente bom. Depois de alguns minutos, pegue o brinquedo e guarde-o para a próxima vez. Você poderá descobrir que seu cão gosta de brinquedos para mastigar, puxar ou sacudir, ou prefere algo que faça barulho.

Brincadeiras As melhores são as interativas, como atirar uma bola para que a traga de volta a você. Evite brincadeiras que ensinem seu cão a perseguir pessoas ou puxar roupas. Ao contrário, ensine-o a controlar seus instintos e parar o que está fazendo quando você mandar, e só então recompense-o brincando mais. Você pode misturar brincadeiras e alimentos como recompensa, se quiser.

Elogios Deixe seu cão feliz com muitos elogios verbais e bastante atenção. Assim que ele fizer algo certo, faça um grande alarde e diga que ele é um ótimo cachorro, reforçando o bom comportamento com um "Sim!" agudo. Use um tom mais grave e autoritário de voz quando estiver reprimindo um comportamento indesejável.

Dica do cão feliz
Leve sempre com você alguns petiscos ou um brinquedo. Nunca se sabe quando o cachorro vai fazer algo que mereça um prêmio.

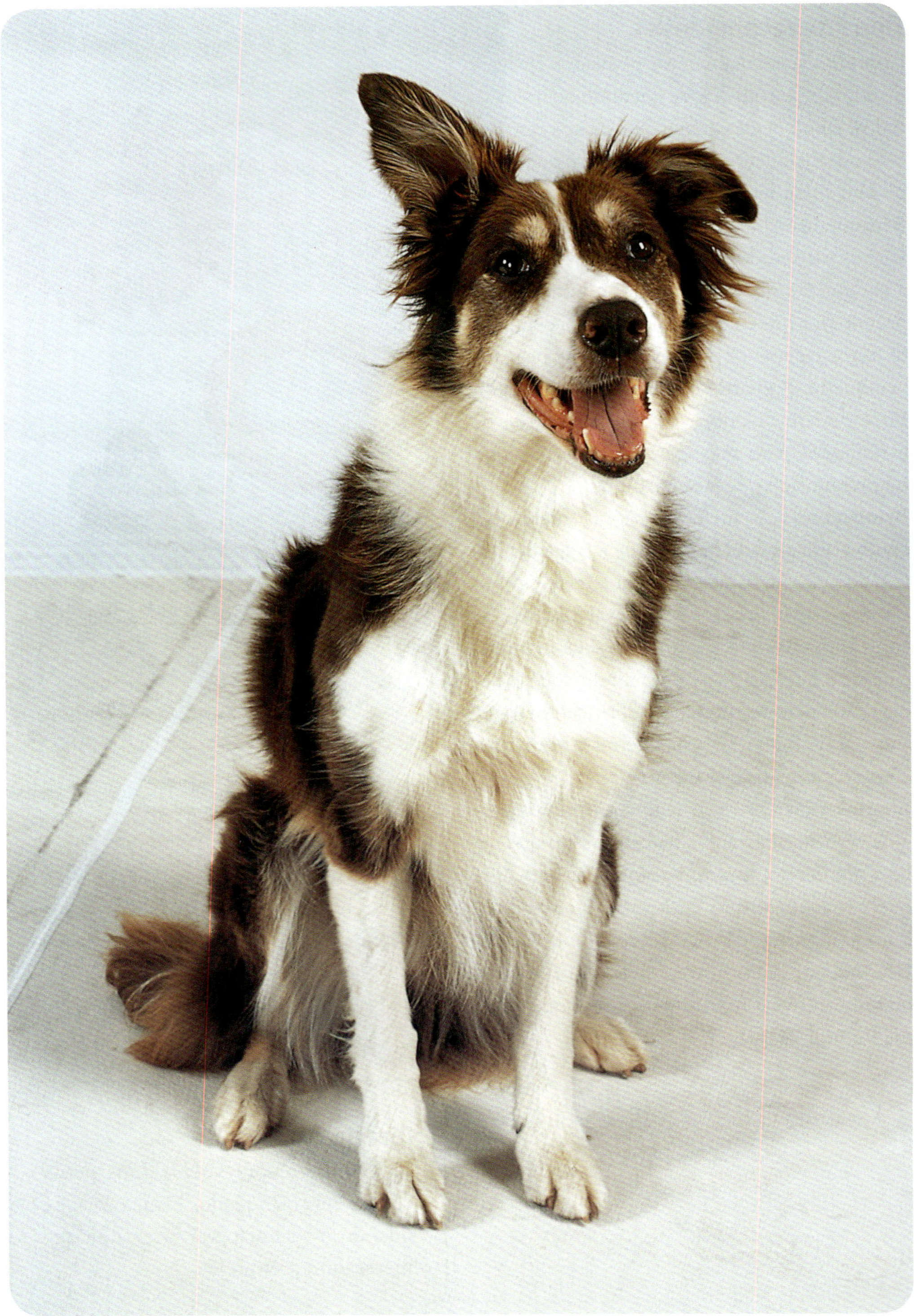

2 Como falar "cachorrês"

Por mais que você tente, ou por mais inteligente que seja seu cachorro, ele nunca vai compreender totalmente a língua que você fala. É claro que ele pode aprender alguns comandos verbais e estará constantemente tentando se comunicar com você de outras maneiras. A única língua que ele vai falar é "cachorrês", que consiste principalmente em comportamentos e linguagem corporal.

Quanto mais você conseguir entender o que seu cão está tentando dizer, mais feliz ele ficará e melhor será a relação entre vocês. Este capítulo trata do desenvolvimento da sua capacidade de "ler" o comportamento canino.

Entendendo tudo
O cão usará todos os sentidos para entender o que está acontecendo ao redor. Seu comportamento será uma reação a essa avaliação, mas lembre-se de que ele está vendo as coisas mais embaixo, cheirando as coisas mais intensamente e ouvindo coisas muito mais distantes do que você.

Se você quiser entender o que seu cão está dizendo, deve observá-lo com atenção enquanto ele se comunica com outro cão. Você vai notar que os cães "conversam" entre si usando principalmente a linguagem corporal: a posição da cauda, a postura geral, a posição das orelhas e a expressão dos olhos e da boca. Os cães tentam se comunicar com os seres humanos da mesma maneira, por isso é importante saber o que realmente significam aquele rabo balançando ou as orelhas abaixadas.

Um cão feliz
Como regra geral, um cão feliz e confiante terá uma aparência descontraída, com a cabeça levantada e a cauda ereta, talvez abanando. Suas orelhas estarão levantadas e a boca e o focinho relaxados. Leia as páginas seguintes para conhecer as sutilezas do "cachorrês".

Expressões da boca

Seu cão tem uma série de expressões faciais que ele usa com eficácia para se comunicar com você e com outros cães. Observar regularmente essas expressões durante brincadeiras ou, ao contrário, quando ele está se sentindo amedrontado ou ameaçado, poderá lhe dar uma boa idéia do estado de espírito do cachorro, especialmente se você levar em conta outros sinais de linguagem corporal e a situação em que ele se encontra.

Se aprender a reconhecer as expressões do seu animal logo que chegar, você poderá avaliar como ele se sente e tornar-se mais capaz de atenuar situações potencialmente difíceis.

PESQUISA
Estudos descobriram que a força da mordida de um cão pode ser avaliada por seu rosnado. Pesquisadores americanos e alemães mediram o padrão de rosnados de 21 raças. Os rosnados dos cães maiores tendem a exibir padrões com espaços mais curtos, seja qual for o formato da cabeça do cão. Acredita-se que os cães usem essa informação para avaliar a força um do outro.

Entendendo expressões

Feliz Um cão feliz e confiante fica com a boca ligeiramente aberta e pode mostrar parte da língua.

Preocupado Se o cão estiver com a boca bem cerrada e afastar a cabeça de algo que ele viu, é sinal de que se sente inseguro e preocupado. É um gesto pacífico, mais que de agressividade.

Curioso Um cão de boca fechada, que olha para a frente, com as orelhas ligeiramente levantadas, está interessado em algo que viu.

Ouvinte Ficar parado de pé com a boca fechada e as orelhas bem levantadas significa que ele escutou algo e está tentando entender o que é.

Ansioso Se ele estiver com medo de algo, vai baixar a cabeça e inclinar as orelhas para trás. Os lábios ficam frouxos ou repuxados para trás.

Ameaçador Seu cão virá repuxar os lábios para mostrar os dentes e as gengivas. Geralmente ele faz isso depois que outros sinais mais sutis, como desviar o olhar, falharam.

Agressivo Quando ele abre a boca, enruga o focinho e mostra todos os dentes, está dando um último aviso de que vai morder.

Dica do cão feliz

Seu cachorro conta com a boca e os dentes para caçar, comer, explorar objetos, apanhá-los e também para se defender (e às vezes a você!) de ameaças reais ou imaginárias. Seu focinho, os bigodes e o pescoço são muito sensíveis, por isso cuidado quando o afagar nessas áreas vulneráveis.

Cães sorridentes

Algumas raças de cães, como o dálmata, o doberman e vários tipos de terriers, são conhecidas como "sorridentes", pois muitas vezes cumprimentam seus donos com as bocas ligeiramente abertas, expondo os dentes incisivos e caninos. Alguns donos acreditam que isso seja um sinal de agressividade com as pessoas, porque os cães nunca cumprimentam outros cães dessa maneira, mas na verdade é um gesto de submissão.

> "Algumas raças de cães são conhecidas como 'sorridentes'."

Contato visual

Imagine como sua vida seria infeliz se cada vez que alguém o olhasse você se sentisse amedrontado. Os cães felizes e confiantes precisam olhar diretamente para seus donos e outros humanos sem achar que seu olhar é ameaçador. Isto é especialmente importante quando os cães estão numa casa de família, em contato diário com crianças que muitas vezes são da altura do cachorro.

Assim como com as pessoas, você pode aprender muito com os olhos do seu cão. Na natureza, quando um cão olha fixamente para outro, ele está dando um sinal de advertência. Alguns cães ficam tão incomodados ao olhar diretamente para uma pessoa que começam a lamber os lábios ou a arfar. Às vezes – o que é preocupante –, o contato visual pode provocar uma reação agressiva repentina.

> **Dica do cão feliz**
> Se os olhos parecem doces, as orelhas não estão nem eretas nem muito baixas, e ele se deita com as pernas estendidas para o lado, é sinal de que o cachorro está feliz e descontraído.

> "Quando um cão olha fixamente para outro está lançando um desafio."

Treinamento de filhotes

Ensinar a um filhote desde cedo que o contato visual pode ser uma experiência gratificante ajudará a aumentar sua confiança. Brinque diariamente com ele, dando-lhe afeto e petiscos, e ao mesmo tempo incentivando-o a olhar para você.

Posição ameaçadora

Quando dois cachorros se encontram, muitas vezes ficam parados olhando-se fixamente até que um deles recue e vire a cabeça em um gesto de submissão, transferindo o peso para as pernas traseiras. Se isso acontecer quando você estiver passeando com seu cão, tente contornar a situação mudando de direção e distraindo-o.

Medo e ansiedade

Se você vir o branco dos olhos do cachorro (e esta não é uma característica da raça), ele pode estar muito ansioso e com medo. Os olhos podem estar arregalados, as orelhas levantadas e é possível que ele se deite sobre as pernas – assim ele conseguirá levantar-se rapidamente e correr se for ameaçado. As pupilas dilatadas são outro sinal de que o cão está inquieto, amedrontado ou muito excitado.

A palavra "olhe"

Pode ser muito útil ensinar seu cachorro a prestar atenção em você a qualquer momento. Para ensiná-lo usando o treinamento com *clicker* (veja págs. 74-75), cada vez que você quiser que o cão olhe para você dê a ordem "olhe", e assim que ele olhar para você, clique e ofereça um petisco. Com a prática ele aprenderá a olhar para você sempre que ouvir a ordem.

PESQUISA

Quinze mil anos de domesticação podem ter ajudado os cães a aceitar o contato visual com as pessoas. Pesquisadores húngaros testaram cães domésticos em comparação com lobos, analisando sua capacidade de encontrar comida escondida seguindo pistas humanas, como acompanhar a direção de um olhar ou de um dedo apontado. Os lobos se recusavam a olhar para as pessoas, mas os cães gostavam de obter pistas fazendo contato visual.

Abanar a cauda

A cauda é como um barômetro da felicidade e ajuda a avaliar o estado de espírito do cão. A maioria das pessoas acredita que quando o cachorro abana o rabo simplesmente está muito feliz por vê-las, o que muitas vezes é verdade, mas nem sempre.

PESQUISA
Estudos mostram que os cães com rabos cortados podem sofrer uma desvantagem social. Uma das razões é que ficam incapazes de se comunicar com os outros cães eficazmente, pois estes não podem "ler" a posição de sua cauda.

Abanar a cauda pode ser o equivalente a um sorriso ou aperto de mão humanos. E pode ser um sinal de excitação ou gratidão (como quando você se aproxima com a guia para passear). No entanto, também pode ser um sinal de advertência, agressividade ou defesa.

Às vezes, como ao encontrar um cão desconhecido num passeio pela rua, abanar o rabo pode significar que seu animal está inseguro e preocupado. Para ler sua linguagem corporal com eficácia, você deve aprender a observar a posição de sua cauda, ver como ele a está agitando e também levar em conta as circunstâncias e qualquer outro sinal.

Fale comigo

Os cachorros só abanam o rabo para as coisas com as quais querem se comunicar e das quais esperam respostas. Portanto, abanar o rabo tem objetivos sociais e de comunicação. Observe, por exemplo, como o cão abana a cauda quando você se aproxima com uma tigela de comida, mas não a agita quando encontra a tigela já no chão.

Para os filhotes, abanar o rabo pode ser o mesmo que acenar uma bandeira branca para pedir trégua, se a brincadeira ficar um pouco dura. Os filhotes começam a abanar o rabo com seis ou sete semanas. É quando começam a se socializar e a apreciar brincadeiras.

Amigo ou inimigo?

Quando o cão encontrar outro ou uma pessoa, se estiver sendo amistoso ou curioso:
- Ele abanará o rabo de um lado para o outro em movimentos longos.
- O rabo ficará descontraído e baixo.
- As orelhas ficarão baixas.
- O pêlo ficará assentado nos ombros e nas costas.
- Ele não olhará fixamente para você, para o cão ou para a pessoa.

Se o cão estiver fazendo uma advertência:
- Ele levantará o rabo e o deixará imóvel.
- As orelhas se erguerão.
- Os olhos ficarão parados e olharão fixamente.
- Os pêlos da nuca, do dorso e da garupa se eriçarão.

Posições da cauda

Feliz e amistoso Cauda levantada, balançando com confiança.
Curioso Cauda levantada, possivelmente balançando irregular e lentamente.
Inseguro Rabo entre as pernas, hesitante, movendo-se com indecisão.
Amedrontado Rabo entre as pernas.
Agressivo Rabo levantado ou na horizontal, eriçado, balançando devagar.
Predador Rabo reto, baixo e imóvel (para não alertar a presa).

Demarcação de território

Demarcar o território é um problema bastante comum e completamente diferente da falta de treinamento doméstico. É comum em lares que têm vários cães ou quando o cão não foi castrado.

Demarcar território é geralmente uma questão de dominação ou de ansiedade: o cachorro levanta a perna e borrifa uma pequena quantidade de urina em um objeto, um lugar ou até uma pessoa, com o propósito de marcar sua presença. Assim como qualquer outro problema de comportamento, se não for reprimido logo, acabará por tornar-se um hábito e será mais difícil eliminá-lo.

Hormônios

Os cães não-castrados muitas vezes demarcam território para atrair parceiras e afastar outros machos. Mas quando o cachorro faz isso dentro de casa os donos costumam ficar muito incomodados, o que deixa o cão ansioso.

Demarcar território costuma virar um problema quando um cão macho atinge a maturidade sexual, entre os seis e os nove meses, e o hormônio testosterona começa a atuar. Você pode notar que ele começa a urinar em superfícies verticais, como postes de rua ou árvores, ou em pernas de mesa ou cadeiras dentro de casa.

Agravantes

A demarcação geralmente é feita perto da entrada da casa, em postes de portão, muros, batentes de porta etc. Esse é o cartão de visita do cão, que alerta outros cães sobre a sua presença.

Alguns eventos ou situações considerados estressantes podem provocar esse comportamento, como a chegada de uma visita, a mudança de casa, a chegada de um bebê à família ou ver outro cachorro passar pela janela.

Castração

A castração precoce geralmente faz cessar esse comportamento. Se você tiver um cão de *pedigree* e estiver em dúvida por achar que a castração talvez não resolva o problema, pode tentar uma castração química. Se depois disso ele parar de demarcar território, você saberá que a castração permanente é a melhor opção.

PESQUISA

Estudos indicam que quando é feita a castração os índices de sucesso (fim da demarcação) variam. Alguns cães param de demarcar duas semanas depois. Outros demoram seis meses. Em um estudo específico sobre demarcar território dentro de casa, a castração se revelou eficaz em 81% dos casos.

O que fazer

- Cães pequenos costumam demarcar território dentro de casa com mais freqüência do que os grandes, e muitas vezes isso se relaciona à dominação. Além da castração, pode ser necessário um tratamento para mudar seu comportamento e reduzir o *status* do cão.
- Um cão que foi castrado tarde pode continuar demarcando território. Incentive-o a levantar a perna no lugar certo com muito elogio verbal.
- Limpe bem as áreas que seu cão demarcou usando produtos de limpeza especialmente criados para eliminar odores de animais. Evite produtos à base de amônia, como alvejantes, pois eles contêm algumas substâncias encontradas na urina e podem incentivar o cachorro a voltar àquele lugar. Seu veterinário poderá indicar produtos específicos para esse fim.

Seu cachorro está infeliz?

Os cães usam uma combinação de linguagem corporal e comportamento para demonstrar seu bem-estar físico e estado de espírito. Quando estão felizes e saudáveis, eles são naturalmente curiosos, brincalhões e interessados.

O cão infeliz dorme muito, parece desinteressado, pode recusar comida ou companhia e exibir comportamentos destrutivos ou agressivos, além de arfar, uivar, rosnar ou latir demais, ou demonstrar dependência excessiva dos donos.

Detetive do cão

Peça ao veterinário que verifique se há alguma causa física para a depressão. Se ele estiver saudável, transforme-se em detetive. Tente descobrir o que o está deixando triste, aprenda a pensar como um cachorro e tente imaginar o que ele vê, os odores e as experiências que ele encontra no dia-a-dia.

Você sabia?
Um cão deprimido e ansioso pode reagir a um difusor de feromônio apaziguador de cães (DAP na sigla em inglês), que é uma versão sintética de uma substância liberada pelas cadelas três a cinco dias depois do parto, destinada especificamente a acalmar e tranqüilizar os filhotes.

PESQUISA

Os cães latem alto e desafinado quando sentem alguma perturbação física ou insegurança social. Interações sociais positivas, como brincadeiras, parecem produzir latidos mais harmoniosos. Felizmente, pesquisas também demonstram que os seres humanos parecem ter uma capacidade inata de compreender o significado dos latidos.

Causas comuns de tristeza

CAUSA	COMENTÁRIOS	O QUE FAZER
Luto	Os cães podem ficar de luto depois da morte de um dono ou de um outro animal companheiro.	Mantenha as rotinas se possível; não exagere nos prêmios ou na atenção. Com o tempo seu cão voltará a se comportar normalmente.
Tédio	Muito comum, especialmente em raças que precisam ser mantidas em atividade, como terriers e collies.	Limite o tempo que seu cão passa sozinho. Compre brinquedos que possam ser recheados de petiscos, para que ele tenha de se esforçar para consegui-los. Esconda petiscos pela casa, faça uma trilha de odores no jardim ou construa uma caixa de areia para ele cavar. Aumente seus exercícios e ensine-lhe novos truques para mantê-lo mentalmente estimulado.
Ambiente	Um cão pequeno ou uma raça que gosta da vida em família ficará triste se tiver que morar no quintal. Uma raça de pêlo longo poderá achar desconfortável uma casa aquecida.	Veja o Capítulo 3, Escolha um cão feliz, que o ajudará a escolher o cachorro certo para você.
Ansiedade	Pode ser causada por viver numa casa com vários cães, dependência excessiva do dono ou medo de ruídos altos.	Ofereça uma área onde seu cão possa se refugiar e sentir-se seguro. O DAP (veja pág. ao lado) pode ser muito eficaz.
Não ser castrado	Os cães não-castrados podem ficar infelizes e frustrados, mais agressivos, com tendência a fugir e exibir comportamento sexual indesejável.	Mande castrar seu cão (veja págs. 60-61).

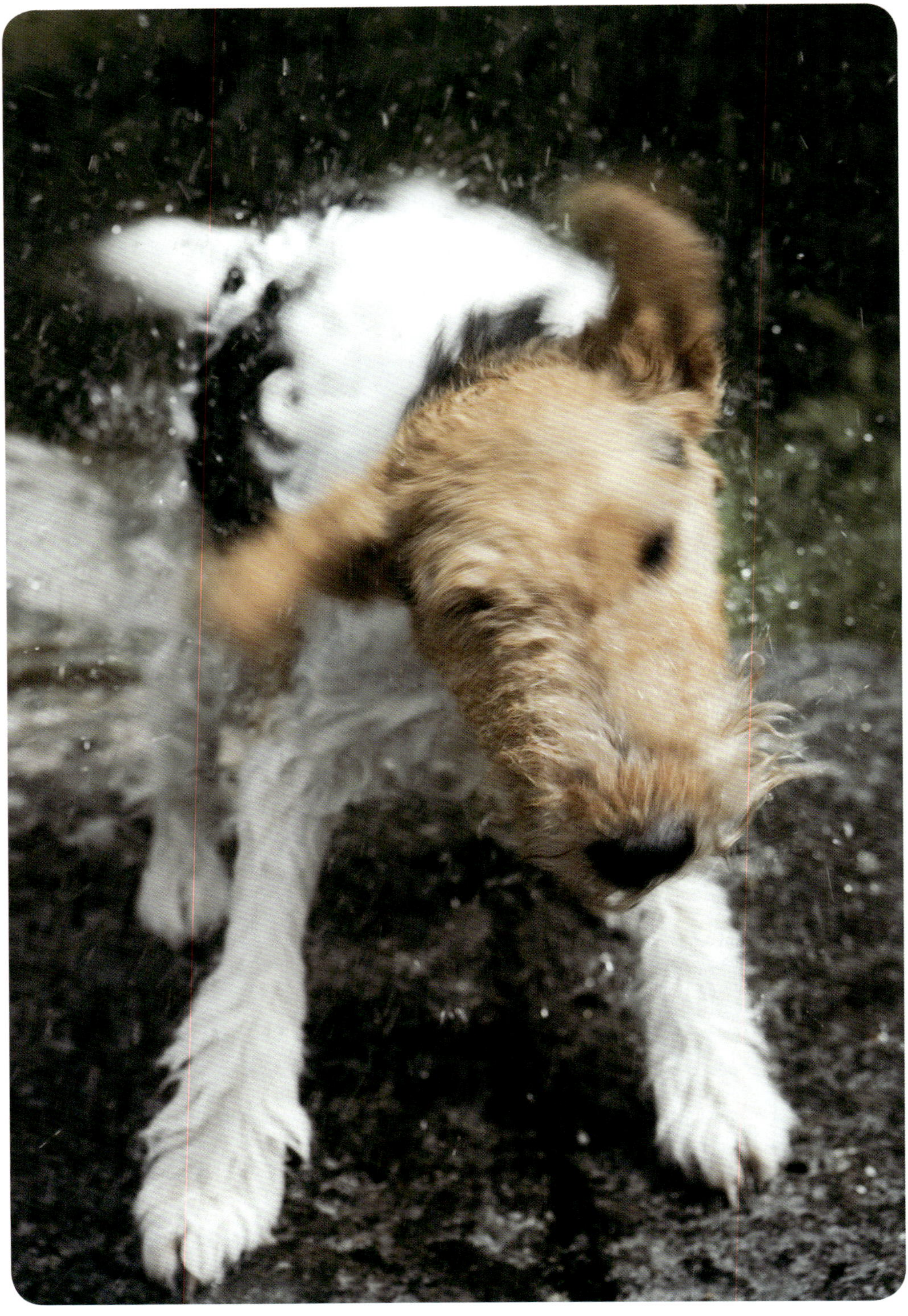

3 Escolha um cão feliz

Os cães mais felizes são aqueles que conseguem usufruir do estilo de vida, da casa e do tempo que seus donos podem lhes dedicar e se adaptar a eles. Por isso é essencial que você escolha o cão adequado desde o início, para o bem de todos.

Se você escolher um cachorro de trabalho, como o border collie, mas passar o dia todo fora e morar num apartamento, é provável que o cão fique entediado, frustrado e muito infeliz, pois não terá estímulo físico ou mental suficiente para satisfazer seus níveis de energia. Da mesma forma, se você for uma pessoa ocupada que gosta de vida ao ar livre, seria desaconselhável escolher um cão como o lulu-da-pomerânia, que precisa ser penteado diariamente e de exercícios menos intensos. Independentemente do tipo de cachorro que você escolher, há muitas coisas que você pode fazer para que ele viva contente e sem estresse.

10 maneiras de deixar seu cão feliz

1. Crie uma rotina para ele e mantenha-a.
2. Torne a vida dele interessante com brinquedos e brincadeiras.
3. Preserve a curiosidade do filhote escondendo brinquedos e petiscos.
4. Varie o trajeto de seus passeios.
5. Experimente novas atividades com ele.
6. Escove-o regularmente.
7. Dê-lhe tarefas para fazer, como encontrar a coleira ou buscar seu prato.
8. Dê-lhe uma cama confortável.
9. Recompense-o quando ele se comportar bem.
10. Não deixe de lhe dizer como ele é maravilhoso!

10 coisas que vão deixar seu cão infeliz

1. Palavras ríspidas.
2. Desinteresse de sua parte. Tédio.
3. Ser afastado da família.
4. Excesso de peso.
5. Ser tratado como um bebê humano.
6. Exercícios insuficientes.
7. Não poder se expressar.
8. Não ter uma cama ou lugar próprio onde possa se refugiar e sentir-se seguro.
9. Alimentação e rotina de exercícios irregulares.
10. Má saúde e falta de cuidados veterinários.

Considerações iniciais

Adquirir o cachorro certo é importante para garantir que cão e dono desenvolvam um bom relacionamento desde o início e que seu cão seja feliz ao seu lado. Por mais que você goste da aparência ou da personalidade de uma raça, não a adquira se não tiver certeza de que ela será adequada ao seu estilo de vida ou ambiente, ou você terá em breve um cão infeliz.

Também leve em conta o que você espera do seu cão e o que ele poderá lhe oferecer em troca. Sua prioridade é companhia ou você quer um cachorro que goste de acompanhá-lo em longas caminhadas? Se caminhar e exercitar-se é importante para você, talvez não seja uma boa idéia escolher uma raça toy como um chihuahua, que pode ter dificuldade para caminhar longas distâncias, mas esse cão daria um excelente companheiro em casa.

Pesquise um pouco as necessidades das diversas raças em termos de exercício, estímulo mental e ambiente para ver qual se encaixa nas suas prioridades. Se você for comprar um cão mestiço, tente descobrir o máximo sobre sua história, qual deverá ser seu tamanho adulto e sua expectativa de vida. Só adquira o cachorro se puder lhe oferecer tudo de que ele precisa, durante toda a sua vida. O bem-estar e a felicidade do seu cão dependem de você.

Que idade?

Os filhotes exigem muita atenção para ficarem felizes. Você vai precisar de tempo (talvez trabalhar menos) para ajudar seu filhote a se adaptar à casa e treiná-lo. Isso pode ser difícil – mas ele não será um filhote por muito tempo!

Um cão adulto dá menos trabalho que um filhote, mas por outro lado você pode herdar problemas de comportamento ou de saúde.

Um cão idoso é ideal para alguém que quer uma companhia silenciosa, mas a idade pode significar contas maiores de veterinário, e você também poderá ter antigos ou novos problemas de comportamento.

Serei capaz?

Uma total incompatibilidade de forças físicas e emocionais pode deixar um cão infeliz – e o dono também. Você deve considerar seu nível de experiência com animais em geral e com cães em particular, sua forma física, o espaço que você pode oferecer e como gosta de cuidar de sua casa. Só escolha uma raça que você tenha certeza de que conseguirá cuidar bem.

Posso oferecer o lar certo?
Algumas raças menores, como o pug ou dachsund, são ideais para morar em espaços pequenos. Mas coloque um border collie num apartamento na cidade e você logo terá um cão muito frustrado e infeliz, que sem dúvida fará todo tipo de estripulia. Outros fatores a considerar incluem a atitude de seus vizinhos, onde você pode deixar o cachorro quando estiver trabalhando, o acesso ao quintal, se seu jardim é à prova de cão e assim por diante.

Dica do cão feliz
Faça as contas. Além de tempo para o cachorro que escolher, você vai precisar de dinheiro para pagar pela ração, o veterinário e outros artigos essenciais (veja pág. 51). Alguns cães são mais caros de manter que outros e, se você estiver em dificuldades financeiras, seu relacionamento com o animal poderá ser prejudicado.

"O bem-estar e a felicidade do seu cão dependem de você."

PESQUISA
Uma universidade britânica descobriu que as fêmeas são mais fáceis de treinar em obediência e higiene, mas exigem mais afeto que os machos. Estes geralmente são mais ativos e excitáveis, e tendem a latir demais, a dominar o dono e a agredir outros cachorros.

Algumas raças de manutenção complexa
Afghan hound
Husky siberiano
Bichon frisé
Buldogue francês
Border collie
Lhasa apso

Algumas raças de fácil manutenção
Retriever-do-labrador
Golden retriever
Border terrier
Greyhound
Basset hound

Manutenção fácil ou complexa?

Um cachorro tranqüilo e de pêlo longo vai adorar ser escovado todos os dias, e se sentir amado e feliz. Se você não tiver tempo ou paciência para isso, logo terá nós no pêlo que precisarão ser cortados pelo veterinário, o que realmente não deixará seu cão nada feliz!

O cão de uma raça que exige muito exercício, estímulos, tempo e atenção várias vezes ao dia pode ficar muito deprimido se você só tiver tempo de levá-lo para uma volta no quarteirão de manhã e à noite. Ao escolher um cão, você deve levar em conta todos esses aspectos de "manutenção". Conseguir o equilíbrio certo entre cão e dono é o segredo para um relacionamento longo e feliz.

Asseio

Cães de pêlo longo e macio devem ser escovados por inteiro todos os dias para manter sua pelagem sem nós. A escovação deve ser metódica, começando pela cabeça e chegando à cauda, e pode levar meia hora. Os cachorros de pelagem curta a média devem ser escovados pelo menos uma vez por semana. Também podem ser necessários banhos e condicionamento dos pêlos, mas não com muita freqüência, pois o sabão remove os óleos naturais que ajudam a manter o pêlo e a pele saudáveis. Deve-se dar atenção regular a ouvidos, olhos, dentes e unhas (veja págs. 64-65).

> **PESQUISA**
> Os cachorros mais apreciados pelas famílias são os de fácil manutenção, o que talvez reflita o tempo e os recursos de que dispõem os donos ocupados.

Exercícios e bricadeiras

Toys A falta de exercício pode prejudicar a saúde, por isso os cães toys não devem ficar sempre no colo. Eles precisam caminhar pelo menos 20 minutos duas vezes por dia.

Raças pequenas Precisam de pelo menos um passeio de 30 minutos por dia, mas de preferência devem sair mais duas vezes por dia – uma logo antes de dormir.

Raças de médio e grande porte Esses cães precisam de uma a duas horas de exercício ao longo do dia. Atividades extras e brincadeiras também são benéficas.

Raças gigantes Apesar do tamanho, a maioria precisa de apenas uma hora de exercício, uma ou duas vezes por dia.

Necessidades de manutenção

O cão de manutenção complexa vai precisar de um ou mais dos seguintes itens:
- Escovação completa diária.
- Sessões extras de escovação profissional.
- Horas de exercício todos os dias.
- Atenção extra devido a problemas de saúde.
- Satisfação de necessidades físicas ou emocionais, que podem aumentar conforme o cão envelhece. Estimulação mental extra para mantê-lo feliz.

O cão de fácil manutenção terá uma ou mais das seguintes características:
- Natureza tranqüila.
- Níveis baixos de atividade.
- Pêlos curtos e grossos.
- Boa saúde.
- Tendência a ficar relaxado (e muito feliz), a menos que você o convença do contrário!

Os 10 cães mais populares nos Estados Unidos
Retriever-do-labrador
Golden retriever
Pastor-alemão
Beagle
Dachshund
Yorkshire terrier
Bóxer
Poodle
Chihuahua
Shih-tzu

Os 10 cães mais populares no Reino Unido
Retriever-do-labrador
Pastor-alemão
Cocker spaniel
Springer spaniel inglês
Staffordshire bull terrier
Golden retriever
Cavalier king charles spaniel
West highland terrier
Bóxer
Border terrier

Cão com pedigree ou mestiço?

Não há absolutamente nada de errado em possuir um cão mestiço ou "vira-lata", e não existem evidências de que eles sejam mais ou menos felizes que seus primos com *pedigree*.

Os mestiços também podem ser lindos, e mesmo os que não são tão bonitos podem ter personalidades fantásticas e ser companheiros inteligentes e adoráveis. O melhor dos mestiços é que eles são únicos em todos os sentidos – você nunca verá alguém com um cão exatamente igual ao seu.

Qual é a diferença?

Cães de raça Quando você compra um cachorro com *pedigree*, recebe documentos com detalhes completos da árvore genealógica do animal, remontando a pelo menos três gerações.

Mestiço É o resultado (freqüentemente acidental) do cruzamento de duas raças diferentes mas conhecidas. Pode ser mais fácil prever as características desses cachorros do que as de um vira-lata, especialmente se as raças forem do mesmo grupo, como cães de caça ou pastores.

Vira-lata É o resultado do cruzamento de dois cães de raça desconhecida. Essa linhagem desconhecida significa que pode ser difícil prever a aparência e o comportamento do filhote.

Vira-latas: prós e contras

Esses cães:
- ✓ Têm aparência única.
- ✓ Geralmente gozam de boa saúde.
- ✓ São mais baratos.
- ✓ São facilmente encontrados.
- ✓ Têm menor probabilidade de serem roubados.

- ✗ Podem ser bonitos quando filhotes, mas não necessariamente depois de adultos.
- ✗ Podem herdar problemas de comportamento.
- ✗ Podem ser excluídos de competições.

Cães de raça: prós e contras

Há mais de 400 raças com *pedigree* para escolher. Com esses cachorros:
- ✓ Você sabe exatamente qual será sua aparência.
- ✓ Os problemas de saúde e características de comportamento são previsíveis.
- ✓ Uma árvore genealógica registrada será fornecida com o cão.
- ✓ Clubes de raças podem dar apoio e conselhos.

- ✗ Seu filhote custará caro.
- ✗ Você poderá ter de esperar meses até ele estar disponível.
- ✗ Seu cão poderá ser roubado.
- ✗ Alguns têm tendência a desenvolver problemas de saúde.

PESQUISA

Estudos da Universidade da Califórnia em San Diego revelaram que ao escolher um cão de raça as pessoas procuram algum que de certa forma se pareça com elas.

Diante de dois cães, juízes combinaram com acerto 25 cães de raça com seus donos em 2/3 das vezes. Acredita-se que as pessoas escolham um cão de raça que reflita sua aparência e seu temperamento, enquanto os mestiços são escolhidos mais por impulso. Pessoas extrovertidas e sociáveis escolhem cães ativos e divertidos, enquanto pessoas atraentes e na moda preferem algo mais incomum.

"Pessoas sociáveis preferem cães ativos e divertidos."

Um cão ou dois?

Algumas pessoas pensam que já que vão ter um cachorro é melhor ter dois, pois eles ficarão mais felizes juntos, o que em geral é verdade. Os cachorros realmente se divertem em dupla e vê-los brincar juntos pode ser muito gratificante para o dono.

Mas é um engano pensar que dois cachorros darão menos trabalho que um só. Você vai precisar do dobro de tempo para treiná-los e terá o dobro das despesas com veterinário, alimentação e diárias em hotéis.

Cuidado

Donos inexperientes devem evitar ter mais de um cachorro, pois é imprescindível que o dono saiba controlá-los e treiná-los. Caso contrário, os cães podem desenvolver ciúme e problemas, que nos piores casos acabam com um dos cães atacando o outro fatalmente.

Que raças se dão melhor?

Há certas evidências de que os cães de guarda e alguns terriers tendem a criar mais problemas em casas onde há vários cães, enquanto os cães de caça parecem causar menos problemas.

Como introduzir o novo cão

Se você decidir arranjar um segundo cachorro, há algumas providências que tornarão a vida mais feliz para os dois:

- Controle e supervisione os primeiros encontros.
- Não permita a seu novo cão ou filhote o acesso constante ao cão mais antigo.
- Separe os cachorros quando ficarem sem supervisão.
- Reserve ao cão mais antigo o mesmo tempo e atenção que dava antes.
- Os cães machos podem aceitar uma nova fêmea com maior facilidade que outro macho.

Mais detalhes nas págs. 116-117.

PESQUISA

Há evidências de que filhotes da mesma ninhada são mais difíceis de treinar, mesmo que o dono passe um tempo igual com cada um deles. Uma das razões é que os filhotes irmãos prestam atenção um no outro, e portanto têm menor probabilidade de reagir a comandos. Além disso, geralmente um filhote é mais esperto que o outro, e o mais calmo pode ficar ansioso.

Adapte sua rotina

Veja como você pode tornar mais harmoniosa a vida dos seus cachorros:

- Levante-se um pouco mais cedo todas as manhãs para dar tempo e atenção aos dois cães.
- Procure ter um horário de trabalho flexível, para que você possa ir para casa na hora do almoço e passear e ficar com os cachorros.
- Se você não puder ir para casa na hora do almoço, peça a um vizinho ou contrate um "*pet-sitter*" para passear com eles ao meio-dia.
- Os donos que trabalham podem deixar seus cães num bom hotelzinho durante o dia.
- Invista em um portãozinho ou cercado para separar os dois cachorros quando estiverem sozinhos, mas eles devem continuar se vendo para criar um vínculo.
- Garanta que os cães tenham lugares separados onde possam se refugiar em segurança.
- Arranje horários separados de treinamento para os filhotes, para que eles prestem atenção em você como líder da matilha.
- Matricule-os em aulas separadas de socialização para filhotes, assim eles vão se distrair menos.
- De vez em quando passeie com eles separadamente.
- Incentive os cães a serem sociáveis com outros cães e a se comportarem bem com visitas.
- Mantenha seu carro limpo e os cães seguros quando viajar, adquirindo caixas de transporte separadas.

Encontre o cão ideal

Use estes perfis de donos para ajudá-lo a escolher o cão ideal. Leia cada série de perguntas para descobrir em qual perfil você se encaixa melhor, e veja qual tipo de cão lhe convém.

URBANO

Você mora em um apartamento na cidade?
Você quer um cachorro como companheiro?
Você gosta de ficar sentado com o cachorro no colo?
Seu passatempo preferido é escovar o cachorro e brincar com ele?

Seu cão ideal é pequeno, carinhoso e precisa se exercitar pouco. Um chihuahua é perfeito se você for solteiro(a) e realmente quiser um cão de colo (mas não o mime demais). Se você tiver filhos, experimente o bichon frisé – principalmente se gostar de escová-lo. Outras raças boas são dachshund, lulu-da-pomerânia e pequinês.

AMIGO DA FAMÍLIA

Você tem um jardim grande?
Você quer um cachorro que o ajude a manter a forma?
Você quer um cão para a família?
Você quer um cão que tenha muita personalidade mas não seja muito grande?

Você vai achar seu cão ideal entre os terriers ou os cães de caça. Os terriers são menores, ativos, divertidos, mas devem ser supervisionados perto de crianças. Os labradores e golden retrievers são cães de família populares, pois geralmente são muito bons com as crianças. Esses cães precisam de caminhadas diárias regulares para ficarem sempre felizes e saudáveis.

GIGANTE GENTIL

Você mora numa casa espaçosa no campo? Quer se sentir seguro quando sair para caminhar? Quer um cachorro que afaste os ladrões? Você prefere cães grandes e vistosos aos pequenos e fofos?

Seu cão ideal é uma das raças maiores, como o dinamarquês. Eles precisam de muito exercício e treinamento, mas vivem bem com a família. Por causa do tamanho, precisam de supervisão perto de crianças (assim como as outras raças muito grandes). Outras raças que podem ser felizes com você são o pastor-alemão ou, se você tiver uma casa grande com jardim, uma raça gigante como o wolfhound irlandês, o mastife ou o terranova.

BRINCALHÃO

Você é uma pessoa muito ativa? Quer um cachorro que o ajude a conhecer outros donos de cães? Você é ocupado demais para se preocupar com uma casa limpa? Você é muito competitivo e adora desafios?

Seu ideal é um cão de trabalho como um border collie, que ficará muito feliz morando com você. Esses cachorros precisam trabalhar e adoram desafios, por isso vocês dois vão gostar de praticar *agility*, *flyball* ou *heelwork* como *hobby* e para conhecer pessoas. Outros cães adequados são o basset hound ou o old english sheepdog.

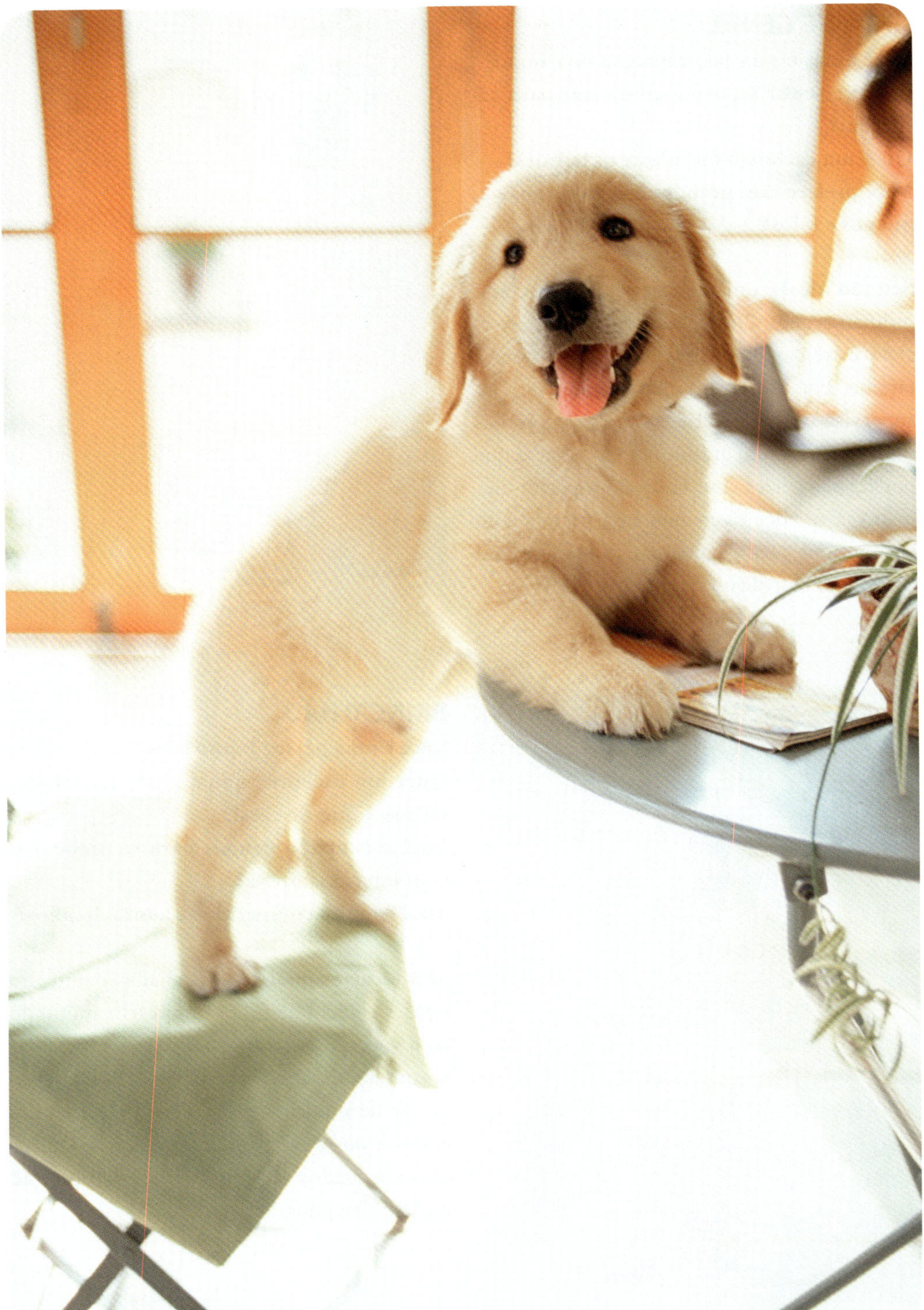

4 Filhote feliz, lar feliz

Você está preparado para dar um lar perfeito a seu novo cãozinho? A chegada do filhote é sempre muito emocionante, mas você deve lembrar que ele estará muito estressado durante algum tempo, por isso seja paciente. Felizmente, há muitas coisas que você pode fazer para dar a seu novo amigo um começo de vida feliz – e garantir que ele continue assim.

Isso não significa agrados e mimos demais ou um monte de petiscos, o que logo o fará sentir-se muito infeliz. As páginas seguintes vão orientá-lo durante esses primeiros meses em que seu filhote se adapta à nova vida.

Preparativos

Experimente ver sua casa através dos olhos do novo cão.
- Lembre-se de que ele é pequeno e flexível, e pode entrar embaixo de coisas mas não conseguir sair de lá depois.
- Incentive os membros da família a guardar suas coisas, evitando assim que o filhote roa ou engula objetos que vão prejudicá-lo. Especialmente brinquedos infantis, jogos, roupas e quebra-cabeças podem ser muito interessantes para um filhote.
- Não deixe os fios elétricos ao alcance do filhote, ou ele poderá se sentir tentado a mastigá-los.
- Esta é uma ótima oportunidade para treinar a família a fechar a tampa da privada, para evitar que um filhote aventureiro caia lá dentro.
- Coloque avisos nos eletrodomésticos como lava-louça, lava-roupa e forno para que todos verifiquem antes de fechar a porta. Esses lugares podem parecer convidativos para um filhote tirar um cochilo.
- Coloque um aviso maior dizendo "Onde está o cachorro?" nas portas que dão para fora. Peça que todos verifiquem onde ele está antes de sair de casa.
- Reserve um quarto para ele e deixe-o livre para explorar e brincar.

Faça o recém-chegado feliz

Há alguns itens essenciais que você vai precisar comprar para o filhote antes que ele chegue à sua casa. Eles são facilmente encontrados em supermercados, *pet shops* ou veterinários, e seu orçamento vai decidir quanto você pode gastar e a qualidade dos artigos que comprará.

Seu cachorrinho não será mais feliz se sua coleira for enfeitada com brilhantes do que se ela for de couro simples – o importante para ele é que seja confortável. Igualmente, a caminha mais cara do mundo pode se tornar incômoda se for colocada próxima a correntes de ar de um aquecedor quente demais.

Dica do cão feliz
Saquinhos plásticos são ideais para se levar caso seu filhote faça suas necessidades por "acidente" quando passear.

Artigos essenciais

Placa de identificação Com seu nome e telefone.

Tigelas para água e comida Compre tigelas grandes o suficiente para que o filhote tenha um suprimento fresco o dia inteiro, e pesadas o bastante para que ele não possa virá-las. As tigelas devem ser fáceis de lavar, e não-mastigáveis.

Cama Você pode usar a caixa de transporte ou comprar uma cama. Uma caixa de papelão rígido servirá quando ainda for filhote, mas não quando seus dentes estiverem nascendo, pois é provável que ele a mastigue, podendo até engasgar.

Panos e cobertores Compre numa *pet shop* ou em qualquer loja alguns cobertores (e também toalhas, para secar o cão quando ele entrar molhado).

Pá higiênica Ou use sacos plásticos.

Kit de asseio Você vai precisar de um pente, uma escova, xampu canino, uma escova de dentes e um creme dental para cães.

Coleira e guia Estas deverão ser trocadas conforme seu cão crescer, por isso é melhor comprar um conjunto barato até que se torne adulto.

Brinquedos Um brinquedo mastigável, uma bola e brinquedos que soltam petiscos quando agitados serão muito apreciados.

Clicker Para começar o treinamento de obediência desde cedo.

Outros artigos úteis

Caixa de transporte ou cercado para interiores Útil em casa ou no carro. Também vai servir como cama, mas deve ser grande o bastante para que ele caiba quando crescer.

Cinto de segurança para cães Mantém o cachorro seguro e o carro limpo quando vocês viajam.

Roupa Algumas raças sentem mais frio que outras, por isso uma roupa ajudará a manter o cãozinho aquecido e feliz.

Capas para o banco do carro Cães enlameados podem fazer uma bagunça no carro; por isso, se você não tiver capas laváveis, espalhe alguns cobertores ou toalhas velhas sobre os assentos.

"Seu cão não será mais feliz se sua coleira for enfeitada com brilhantes."

A vida ao ar livre

Os cachorros adoram explorar e ficam mais felizes quando estão ao ar livre, sentindo novos cheiros e "aprontando". Para muitos filhotes, o quintal ou o jardim serão a primeira experiência de vida ao ar livre, por isso certifique-se de que esses lugares são seguros.

Use a imaginação para transformar seu jardim em um paraíso para cães, cheio de lugares para cavar, se esconder, tomar sol e observar. Você pode até plantar algumas ervas saborosas que seu cão vai gostar de mordiscar.

Quando ele deve sair?

Você pode incentivar seu cão a fazer as necessidades lá fora assim que possível. Treine-o a usar o mesmo lugar por meio de um comando verbal como "limpo!" e elogie bastante quando ele acertar.

Não deixe o filhote ter contato com outros cachorros enquanto ele não tiver tomado todas as vacinas. Os programas de vacinação começam na oitava semana, que em geral é quando os filhotes vão para sua nova casa.

PESQUISA

Estudos mostram que os cães têm menos tendência que os gatos à intoxicação acidental por plantas. A causa mais comum de intoxicação acidental é os donos darem medicamentos humanos a seus animais de estimação.

Perigos externos

Algumas precauções simples irão garantir que o filhote fique em segurança fora de casa:

Segurança Uma cerca alta e um portão seguro são essenciais. Verifique-os regularmente para garantir que não haja buracos pelos quais ele possa escapar. Coloque uma placa no portão para lembrar os visitantes de fechá-lo.
Garagens e depósitos Mantenha-os trancados para que o cãozinho não possa se ferir com ferramentas ou ingerir produtos químicos.
Produtos químicos Guarde fertilizantes, pesticidas, tintas e produtos semelhantes em prateleiras altas. Caso derrame um pouco, enxugue imediatamente para que o cão não pise neles e depois tente se lamber.
Veneno para lesma Geralmente contém uma substância química que atrai os cachorros mas é tóxica. Sempre guarde o veneno em um recipiente hermético, fora do alcance deles.
Latas de lixo Mantenha-as numa parte do jardim a que seu cão não tenha acesso, para evitar que ele as derrube e vasculhe seu conteúdo.

Plantas tóxicas

Algumas plantas do jardim podem ser tóxicas se ingeridas por um filhote curioso. Entre elas estão:

- Cólquico ou lírio-verde (*Colchicum autumnale*)
- Trombetão-azul (*Brugmansia* ou *Datura*)
- Campainhal (*Hyacinthoides non-scripta*)
- Evônimo (*Dictamnus*)
- Mamona (*Ricinus communis*)
- Barba-de-velho (*Clematis*)
- Comigo-ninguém-pode (*Dieffenbachia*)
- Dedaleira (*Digitalis*)
- Gloriosa-do-jardim (*Gloriosa superba*)
- Laburno
- Lírio-do-vale (*Convallaria*)
- Lupino (*Lupinus*)
- Acônito; mata-cão (*Aconitum napellus*)
- Espirradeira (*Nerium oleander*)
- Glicínia (*Wisteria sinensis*)
- Teixo (*Taxus baccata*)

O número de cães que se intoxicam pela ingestão de plantas é relativamente baixo, e o perigo de comer veneno ou anticongelante é bem maior. Um filhote curioso provavelmente corre maior risco, por isso fique atento quando ele estiver no jardim e lhe dê muitos brinquedos para que se distraia e não mexa nas plantas. Não há necessidade de sair e arrancar todas as plantas do jardim, mas, se você ficar preocupado cada vez que o filhote se aproximar de um arbusto ou flor, talvez seja melhor se livrar delas. Uma boa loja de jardinagem ou o veterinário poderão lhe dar mais orientações.

Cuidado

Evite usar fezes caninas para adubar o jardim, pois há risco de infecção por parasitas. Jogue-as no lixo.

Crianças e cãezinhos

O novo cão será um membro importante da família, e como seu dono você quer que ele seja feliz e se comporte bem com seus filhos. Há algumas coisas que você pode fazer para que isso aconteça. Ensinar seus filhos que o cachorro não é um brinquedo e incumbi-los de algumas tarefas vão ajudar nesse processo.

PESQUISA
Estudos mostram que crianças que têm animais de estimação tendem a ser mais autoconfiantes e sociáveis e menos egoístas. Em um estudo feito na Alemanha, 90% dos pais achavam que o cão tinha um papel importante na educação de seus filhos e melhorava sua qualidade de vida; 80% das crianças consideravam seu cão um amigo e confidente.

Algumas raças são mais tolerantes com crianças que outras, mas todos os cães devem ser observados, principalmente quando são apresentados pela primeira vez aos membros mais jovens da família.

"Algumas raças são mais tolerantes com crianças que outras."

Cão feliz, criança feliz

Ensine seus filhos a respeitar o cão e faça da cama dele uma "área proibida". Assim, sempre ele terá um refúgio onde se sentirá seguro.

Até crianças muito pequenas podem ajudar a cuidar do cãozinho. Isso vai incentivá-las a desenvolver o senso de responsabilidade e perceber que o cão é uma criatura viva, que depende das pessoas para sobreviver e receber amor.

Crianças pequenas podem buscar a tigela de comida, os biscoitos do cachorro ou encher a tigela de água. As mais velhas podem ajudar a penteá-lo e levá-lo para passear.

Explique às crianças que, se alimentarem o cãozinho com a comida do seu prato, ele vai acabar se tornando um animal inconveniente. Mantenha o cão isolado no cercado ou na cama dele na hora das refeições e distraia-o dando-lhe um brinquedo.

Incentive seus filhos a serem organizados – não será culpa do cachorro se eles deixarem brinquedos espalhados e o animal os destruir.

Primeiras impressões

Para ajudar a integrar socialmente o cão, sempre que ele conhecer pessoas novas deve ter uma experiência agradável. Quando o apresentar a crianças, dê a elas um brinquedo ou um petisco para que ofereçam a ele. Deixe que o cão se aproxime da criança e não o force se ele estiver tímido. As crianças tendem a estar mais perto da altura do contato visual, por isso diga a elas que não encarem o cão: é melhor que se sentem e deixem o cão pegar o petisco. Não deixe que o cão tente "escalar" as crianças, e diga a elas que só o recompensem quando ele estiver bonzinho e tranquilo.

Dica do cão feliz

Traga o novo cachorro para casa durante a semana no horário da escola, para que ele possa se ambientar enquanto as crianças estão fora. Quando elas entrarem em casa, depois de alguns minutos de brincadeira, distraia-as do cachorro com um novo jogo ou vídeo, para que ele não fique estressado.

Nervosismo da primeira noite

As primeiras noites na casa nova podem ser um pouco assustadoras para o cãozinho. Há muitas coisas desconhecidas para ver, cheirar, ouvir e adaptar-se. Seja paciente com ele e tente se preparar bem com a máxima antecedência, de modo a não ficar estressado e transmitir seu nervosismo para o cachorro.

Decida com antecedência onde ele vai dormir e deixe tudo pronto para a sua chegada. O cãozinho logo vai perceber que sua nova casa e sua cama são os melhores lugares do mundo.

Dica do cão feliz

Alguns dias antes de apanhar o cão, deixe uma camiseta velha sua ou um cobertor com o criador para que o coloque na cama do cãozinho. Quando você o pegar, coloque esse "cobertor tranqüilizador" na caixa de transporte e depois, quando chegar em casa, na cama do filhote. O odor conhecido irá tranqüilizá-lo durante o dia e em suas primeiras noites nesse lugar desconhecido.

Recém-chegado

Vá buscar o cachorro quando dispuser de alguns dias livres, para que você possa se dedicar a apresentá-lo à nova casa. Chegue cedo e brinque com o cãozinho por alguns instantes para ajudar a criar uma ligação entre vocês antes de seguirem para o novo lar. Tente fazer tudo o mais calmamente possível, mesmo que você esteja incrivelmente ansioso para voltar para casa.

Ao chegar, coloque o filhote diretamente no jardim por alguns minutos e o elogie muito quando ele fizer as necessidades. Brinque um pouco com ele, mas explique às crianças que o cãozinho vai precisar de muito tempo para explorar o lugar e dormir.

Restrinja o cão a um cômodo por alguns dias, expandindo aos poucos as áreas da casa que ele pode explorar. Isso é muito importante se você tiver outros animais que precisam se acostumar com sua presença e seu cheiro. Use um portão para cães para mantê-lo em um lugar. (Para mais informações sobre convivência com outros animais, veja págs. 116-117.)

Dê a ele muitas oportunidades de fazer as necessidades num lugar determinado, mas esteja preparado para alguns acidentes, que são inevitáveis.

Doces sonhos

Depois de brincar, seu cão vai começar a parecer sonolento. Coloque-o no jardim para descansar e depois ponha-o em sua nova cama dentro do cercado. Se perceber que ele quer fazer suas necessidades, coloque-o no lugar apropriado e assim que ele estiver satisfeito ponha-o para dormir novamente.

Evite pegar o cãozinho no colo sempre que ele ganir, e em pouco tempo ele deverá dormir a noite inteira. Talvez você prefira colocar o cercado perto de sua cama na primeira semana e depois mudá-lo gradualmente para mais longe; com o tempo ele acabará dormindo feliz em seu próprio canto.

Regras da casa

Seu cão será muito mais feliz e confiante se você criar uma rotina para ele desde o início. Saber quando vai ser alimentado, quando irá passear e quando é hora de brincar, assim como os lugares da casa aonde ele pode ir, irá ajudá-lo a se sentir mais seguro.

Dica do cão feliz
Por mais que você adore seu cãozinho, não deixe que ele mande na casa. É a sua casa, e você deve ser o chefe da matilha (veja págs. 16-17). O que você considera um comportamento engraçado num filhote poderá ser muito irritante e às vezes perigoso em um cão adulto.

Os filhotes exigem muito tempo e atenção no início, assim como os cães mais velhos, que precisarão de mais cuidados ao envelhecer e se tornarem mais dependentes. (Veja Capítulo 10, Felicidade na velhice, para mais informações sobre cuidados com o cachorro idoso.)

PESQUISA
Estudos mostram que é benéfico para o filhote aprender a se separar das pessoas. A ansiedade da separação pode ser evitada se um cãozinho for incentivado a interagir com várias pessoas diferentes, para não se tornar dependente de uma única pessoa. Mas não exagere quando o cão for muito pequeno, pois poderá obter o efeito contrário.

Rotina do filhote
Refeições Alimente o filhote regularmente: café da manhã às 7h30, almoço ao meio-dia, lanche às 16h e jantar às 20h.
Treinamento doméstico Ponha o filhote no local próprio para fazer suas necessidades a cada hora durante o dia, depois das refeições e ao acordar.

Brincadeiras Programe sessões curtas ao longo do dia, de preferência nunca logo depois que ele comer.

Treinamento Apresente seu filhote a novas pessoas, ruídos e experiências. Usando prêmios, ensine-lhe seu nome e a atender quando for chamado, assim como os comandos "senta" e "deita" (veja Capítulo 5, O cão adestrado.)

Escovação Escove delicadamente seu filhote e afague todo o seu corpo, incluindo a boca e as patas. Encoraje-o a aceitar o contato visual.

Sozinho em casa

Mesmo que você queira passar todos os minutos do dia com o novo cãozinho, deve prepará-lo para os momentos em que será deixado sozinho. Desde o início deixe-o só em um quarto fechado por períodos curtos. Comece com alguns minutos e gradualmente aumente os períodos. Quando o deixar ou quando voltar ao quarto, tente agir com naturalidade, como se fosse parte de uma rotina, assim ele ficará sozinho sem problemas quando for necessário.

Definindo as regras

Procure fazer seus filhos e as visitas respeitarem as regras que você determinou para lidar com o cão. Aqui estão algumas sugestões:

- Nunca deixe o cão morder, em circunstância alguma, mesmo brincando. Simplesmente diga "não" e pare de brincar com ele imediatamente.
- Não deixe o cão saltar sobre as pessoas, mesmo que elas digam que não há problema.
- Reserve um lugar próprio para ele dormir, separado do seu. Os cães excessivamente dependentes dos donos podem se tornar muito infelizes e perturbados quando deixados sós.
- Alimente-o depois que você comer, para que ele perceba que você é o chefe da matilha na sua casa.
- Não lhe dê comida da mesa para comer, pois isso o incentivará a pedir sempre e a procurar no lixo.
- Seja coerente sobre aonde ele pode ir: ele pode ou não sentar no sofá? Não deixe que sente no primeiro dia se você sabe que não vai querer que o faça depois. Um cão confuso torna-se infeliz.

Castração

Ao contrário do que você pode ter ouvido, seu cãozinho realmente não será mais feliz se não for castrado. Ele (ou ela) vai querer vagar constantemente, ficará incrivelmente estressado, agressivo e frustrado e correrá o risco de ter várias doenças. Além disso, ele não vai ser mais feliz se você deixar que ele cruze uma vez ou que ela tenha uma cria. E não vai sentir falta daquilo que não conhece.

Quando castrar o filhote?

Os machos tornam-se sexualmente maduros entre 6 e 12 meses, e as fêmeas entre 7 e 12 meses. Tradicionalmente, fêmeas e machos são castrados por volta dos 6 meses, mas hoje, com anestésicos mais seguros e melhores técnicas cirúrgicas, muitos veterinários aconselham castrá-los com até 8 semanas. Pesquisas mostram que a castração precoce não tem conseqüências negativas.

> **Dica do cão feliz**
> Os abrigos para cães estão cheios de animais não-castrados que foram apanhados nas ruas. Não deixe que isso aconteça com o seu cão feliz.

Os cães de rua são vulneráveis a infecções e a sérios problemas de saúde, que podem causar grande tristeza a todos os envolvidos. Embora a castração custe dinheiro, é um investimento de longo prazo, e sem dúvida você vai economizar na conta do veterinário quando seu cão ficar mais velho.

Benefícios da castração

Machos
- Elimina o desejo sexual e as chances de ele fugir (e talvez ser atropelado por um carro ou ser ferido numa briga).
- Pode reduzir certos tipos de agressividade.
- Reduz o risco de doenças relacionadas a hormônios.
- Reduz o risco de câncer anal e perineal.
- Elimina o risco de câncer de testículo.
- Reduz significativamente o risco de problemas na próstata.

Fêmeas
- Evita a gravidez indesejada.
- Elimina a sujeira e os problemas do cio.
- Elimina o desejo de sair em busca de um macho.
- Evita a atenção indesejada de outros cães.
- Ajuda a evitar infecções urinárias.
- Ajuda a evitar câncer de mama, de útero e de ovários.

PESQUISA
Estudos mostram que os problemas comportamentais de um cão não serão automaticamente curados apenas pela castração. Alguns desses problemas tornaram-se hábitos e são satisfatórios para ele, e haverá necessidade de terapia comportamental. Pode levar vários meses após a castração para que toda a testosterona desapareça, e a diferença de comportamento poderá ser perceptível só três ou quatro meses após a cirurgia.

Como é a castração
A cirurgia é realizada sob anestesia. O cão macho terá os dois testículos removidos. A fêmea, os ovários e o útero. A maioria dos cães vai para casa no mesmo dia e sofre um desconforto mínimo, que é facilmente controlado pela medicação indicada pelo veterinário.

Mudanças de personalidade e outras
Não se preocupe, o cão não vai sofrer uma mudança de personalidade em conseqüência da castração. De modo geral, o comportamento vai melhorar, porque o cão ficará muito mais calmo, mais confiável e menos instável. Na verdade, seu animal de estimação ficará muito mais feliz.

A castração pode mudar ligeiramente a textura da pelagem de algumas raças, e muitos donos dizem que o apetite do cão aumenta. Se isso não for tratado, o animal poderá ficar com excesso de peso. Se você estiver preocupado com qualquer questão de saúde ou comportamento após a castração, peça conselho ao veterinário.

Bom comportamento

O novo filhote provavelmente vai logo mostrar quem é, e como novo dono você estará tão ansioso para fazê-lo feliz que aceitará praticamente tudo o que ele fizer. No entanto, quando a lua-de-mel passar, você poderá descobrir alguns problemas. De modo geral, eles não são difíceis de solucionar, e seu cãozinho ficará feliz por isso.

Dica do cão feliz
Nunca perca a paciência com o filhote nem o castigue fisicamente. Consulte o veterinário sobre qualquer comportamento preocupante, antes que um mau hábito se torne um problema difícil de solucionar.

Proteger a comida
Embora o cãozinho possa parecer engraçadinho ao rosnar e eriçar os pêlos quando você se aproxima da tigela de comida dele, quando ele ficar adulto e você tiver medo dele, não vai achar graça nenhuma. Alguns donos têm medo até de ficar no mesmo espaço que seu cão quando ele está comendo.

Se o cãozinho exibir esse tipo de comportamento, faça o seguinte:
- Coloque uma pequena quantidade de comida no prato dele. Se você usar biscoitos e comida úmida, coloque os biscoitos primeiro.
- Quando ele estiver comendo, aproxime-se e coloque um pouco de comida úmida por cima.
- Repita isso até terminar a refeição. O cão logo vai entender que você se aproximar do prato significa mais comida chegando e que você não pretende roubar sua refeição!

Saltar
Isso acontece muitas vezes porque os filhotes são pequenos e as pessoas não querem se abai-

xar para cumprimentá-los. Em vez disso, incentivam o cão a se erguer nas patas traseiras e saltar. Então não é justo puni-lo por isso quando ele crescer, mas você precisa ensiná-lo.

Peça a sua família e aos amigos que ignorem o cão até que ele se acalme e pare de saltar. Treine-o colocando-o na guia e pedindo a alguém de quem ele gosta que se aproxime de você. Quando o filhote saltar, peça à pessoa que fique imóvel. Coloque o filhote sentado e lhe dê um petisco. Peça à pessoa que se aproxime de novo – e só dê o prêmio quando o cão ficar sentado calmamente e permitir que a pessoa cumprimente você. Repita o procedimento sempre que possível, até que se torne um hábito para o cão.

Perseguir e morder

Seus filhos são naturalmente barulhentos, divertidos e gostam de brincar – como seu cãozinho! Mas você não deve incentivar o cachorro a brincar de persegui-los: invente algo diferente para ele brincar, como buscar e trazer um brinquedo ou caçá-lo. Nunca permita brincadeiras de morder – se isso acontecer, diga a seus filhos que parem a brincadeira imediatamente. O cão logo entenderá que morder significa o fim da brincadeira.

Latir

Os latidos são muitas vezes provocados pela campainha ou batidas na porta, por isso acostume o filhote a esses sons desde o início. Saia de casa, toque a campainha e entre, mas ignore o cão até ele ficar quieto. Peça à família e amigos que façam o mesmo. Você também pode pedir que alguém com uma chave toque a campainha e espere alguns minutos antes de entrar. Enquanto isso, dê ao cão um prêmio na cama dele. Assim ele associará a campainha com ir para a cama e ganhar um prêmio.

PESQUISA

A Associação de Especialistas em Comportamento Animal do Reino Unido atendeu mais de mil cães e, segundo a análise, os casos de agressão contra pessoas representavam 36%, agressão contra outros cães 19%, e problemas ligados a fobias e separação, 9% cada. Os machos eram maioria. As raças mais freqüentes foram mestiços, border collies e pastores-alemães, mas isso pode ser apenas porque essas são as raças mais comuns no Reino Unido.

Cão mimado

Seu cão deve apreciar a hora da higiene, pois é uma ótima oportunidade para vocês dois ficarem juntos e criarem vínculos. Algumas raças precisam de mais cuidados que outras, mas todas se beneficiam de uma sessão de mimos – que pode incluir uma massagem – uma ou duas vezes por semana. Um banho de vez em quando também é benéfico.

Se o tempo estiver bom, vocês podem ficar no jardim e relaxar ao sol enquanto você trabalha. Quando terminar a sessão, dê um petisco ao filhote ou brinque com ele para que ele associe a sessão a uma experiência agradável que vai querer repetir.

Cão asseado feliz

Se você for escová-lo sobre uma mesa, cubra a mesa com um forro antiderrapante. Fale com ele o tempo todo, elogiando-o enquanto se deixa escovar.

1. Use um pente de dentes espaçados para desfazer os nós.
2. Escove para remover os pêlos mortos.
3. Comece pela cabeça e escove em direção à cauda com uma escova grande. Também escove peito, pernas e barriga.
4. Usando algodão umedecido em óleo para bebê, limpe delicadamente a parte interna das orelhas, sem forçar para dentro.
5. Use algodão umedecido para limpar os olhos, começando no canto interno e puxando para o lado externo.
6. Verifique as unhas e, se você tiver confiança e possuir um cortador, apare-as. Se não, o veterinário ou um tratador profissional poderá fazer isso.
7. Limpe a área ao redor do ânus, aparando os pêlos se necessário.

> **Dica do cão feliz**
> Escovar o cão sobre um lençol ou uma toalha brancos o ajudará a detectar os pontos pretos (que são as fezes das pulgas).

Massagem

Seu filhote vai adorar uma massagem de cinco minutos. Esfregue nas mãos uma pequena quantidade de óleo suave, como o de gergelim ou para bebê, e comece pela cabeça, fazendo movimentos amplos em direção à cauda. Dê especial atenção ao redor das faces, à nuca e atrás das orelhas, esfregando suavemente com o polegar e o indicador. Segure e aperte delicadamente cada pata, falando baixinho o tempo todo. Se você quiser fazer uma massagem de aromaterapia, pergunte ao veterinário quais óleos são melhores, especialmente se o cão estiver recebendo alguma medicação. Os cães tem um sentido do olfato incrível (200 milhões de receptores nasais, comparados com nossos 50 milhões), por isso nunca use óleos essenciais não-diluídos. Uma gota de óleo essencial em meia colher de chá de óleo mineral deve bastar. O veterinário poderá recomendar algum profissional que faça massagens de aromaterapia.

Hora do banho

Em geral você só deve banhar o filhote (ou cão adulto) a cada dois ou três meses, para não retirar da pelagem os óleos naturais. Isso bastará para que ele fique cheiroso e seu pêlo em boas condições.

Se o filhote costuma rolar na lama e em outras coisas desagradáveis, terá de tomar banho! O banho eliminará os pêlos mortos e, se o cão tiver algum problema de pele, o veterinário poderá prescrever um xampu especial para aliviar os sintomas.

Dê o banho pela manhã, para que ele possa secar naturalmente até a hora de dormir. Primeiro escove-o bem e deixe preparado tudo de que você vai precisar. Você pode usar sua banheira, uma bandeja dentro do chuveiro ou até a pia, se o cão for pequeno. Forre a superfície da banheira com um tapete antiderrapante ou uma toalha, para que ele não escorregue.

Se necessário, peça ajuda. Usando água morna, comece pela cabeça e trabalhe em direção à cauda. Sempre use xampu para cães, para evitar assim causar irritações na pele do animal ou que ele se lamba em excesso depois do banho. Tome muito cuidado com as áreas ao redor dos olhos e com os ouvidos. Retire o xampu usando o chuveirinho.

Enrole o filhote numa toalha antes de tirá-lo da banheira e secá-lo. Se o secador de cabelo o deixar muito nervoso, simplesmente enxugue-o com a toalha e deixe-o em um lugar seco e sem vento para que seque naturalmente.

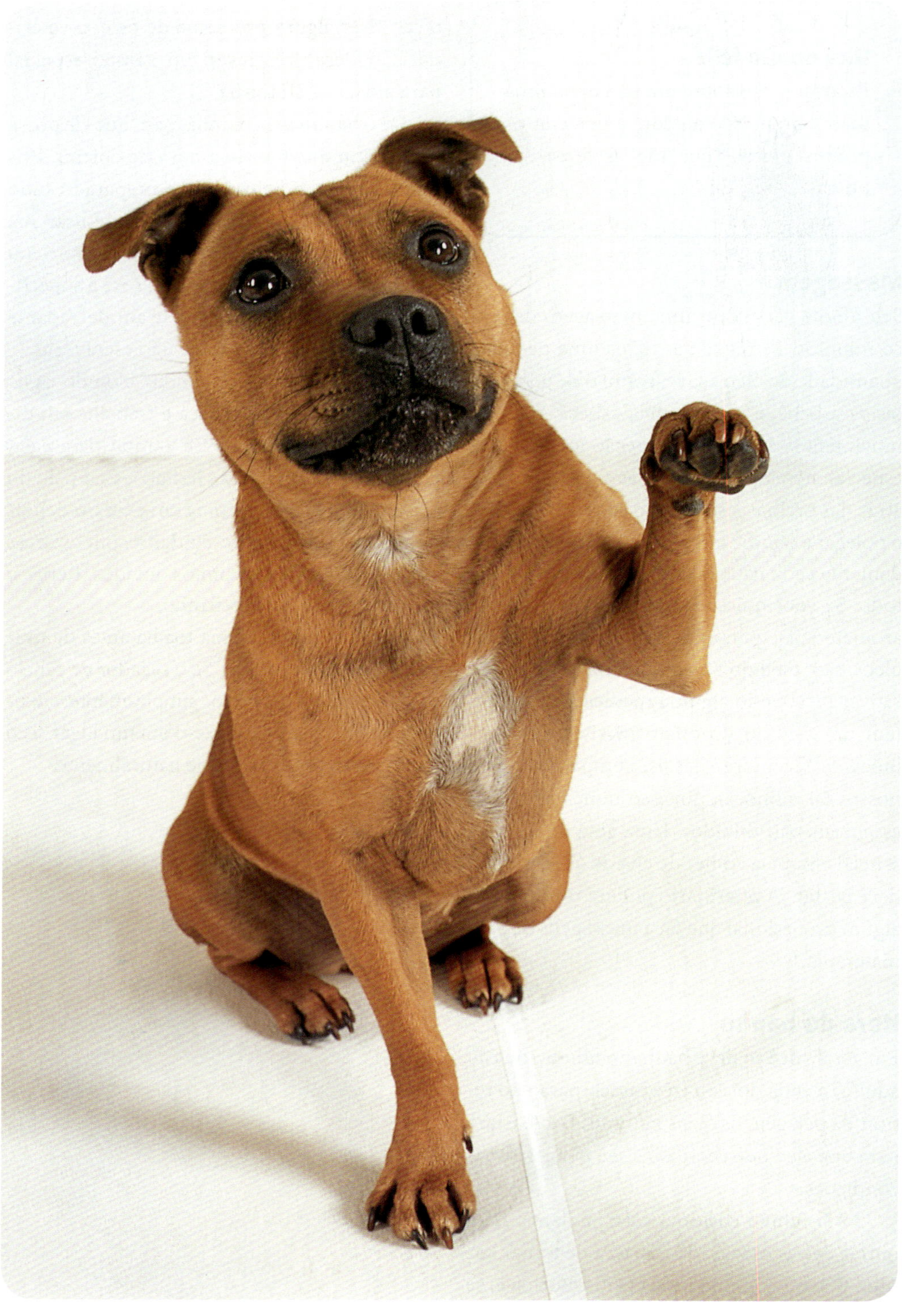

5 O cão adestrado

Para que seu lindo filhote cresça e seja um cão adulto feliz, bem ajustado e sociável, ele vai precisar pelo menos do treinamento básico de obediência. A obediência não ocorre naturalmente, e alguns cães aprendem mais depressa que outros. Você terá de fazer o que for necessário para educá-lo. Este capítulo descreve o treinamento básico que todo cão deve ter.

Felizmente, o treinamento pode ser divertido para você e para seu cão, e se você se matricular em um curso também será uma ótima maneira de conhecer pessoas e fazer novos amigos. Não treine seu cão em sessões longas e intensas – é melhor torná-las parte de sua rotina cotidiana, e ele logo entenderá como você quer que ele se comporte.

Vantagens do treinamento

- O cão ficará mais confiante.
- Ele o respeitará como líder da matilha.
- Você ficará à vontade com ele em qualquer lugar.
- Os amigos poderão visitá-lo sem problemas.
- O cão vai apreciar o estímulo mental e físico extra.
- Vocês dois vão gostar de novas atividades, como *agility*.
- Ele poderá ajudar a buscar a correspondência, a coleira etc.

A prática faz a perfeição

Quanto mais um cão repetir algo, mais entranhado se torna esse comportamento. Ensine o filhote a atender, chamando-o pelo menos 20 vezes por dia, dizendo a ele para se sentar e a seguir recompensando-o. Pratique dentro e fora de casa, e mais tarde quando ele estiver passeando. Introduza o treinamento com *clicker* desde cedo e "marque" os comportamentos que você quer (como deitar-se na cama dele) clicando e dando uma recompensa e um comando verbal. Todos essas etapas do treinamento são explicadas neste capítulo.

Feliz e sociável

Você pode fazer muito para tornar seu filhote feliz e sociável. Nos primeiros meses de vida ele estará mais aberto ao aprendizado, mas também poderá aprender quando for mais velho, embora em ritmo mais lento.

Muitos cães tirados de abrigos ficam bem da noite para o dia só por terem sido levados para um lar onde recebem afeto. Outros acham a situação estressante e precisam de uma adaptação lenta, passo a passo. Medos e fobias são muitas vezes criados pelas reações de donos bem-intencionados, por isso uma das primeiras coisas que o dono tem de aprender é a ficar calmo e transmitir confiança ao cão.

Início do aprendizado

Se você tiver comprado o filhote de um bom criador, ele já terá experimentado um ambiente familiar que o ajudará a ser sociável. Ele deve ter visto crianças, televisão, rádio, aspirador de pó, secador de cabelo etc. Pergunte ao criador quais foram as reações do filhote antes de levá-lo para casa.

O período mais importante para socializar o filhote (quando ele está mais curioso e disposto a explorar) termina por volta das 18 semanas, variando conforme a raça e a personalidade. É importante proporcionar ao cão o maior número de experiências antes que ele atinja essa idade.

> **Dica do cão feliz**
> Aulas de treinamento e socialização na própria clínica veterinária dão aos filhotes e a cães mais velhos a oportunidade de conhecer os funcionários e gostar de estar lá, em vez de associar as visões e odores do lugar a injeções e outras experiências desagradáveis ou assustadoras.

De volta à escola

Pet shops, clínicas veterinárias e alguns treinadores de cães oferecem aulas de socialização semanais. Elas são uma oportunidade maravilhosa para os filhotes entre 13 e 20 semanas aprenderem a brincar felizes juntos. Só devem participar os filhotes que tiverem completado a vacinação. Os filhotes também podem aprender a ser conduzidos por pessoas diferentes, adultos e crianças, em um ambiente divertido e descontraído.

Algumas clínicas também têm aulas para jovens cães adultos, em que os clientes podem discutir questões de comportamento e de treinamento que surgem quando os hormônios do cachorro começam a atuar (veja pág. 61).

Experiências de vida

Você deve tentar familiarizar seu filhote com o maior número possível das seguintes experiências:

Lojas Novas pessoas, visões e odores.
Elevadores Espaços fechados, sons e sensações estranhos.
Feiras-livres Multidões, odores estranhos.
Obras na rua e construções Ruído, odores, obstáculos que alteram a rotina.

PESQUISA

Hoje, os filhotes selecionados para guiar deficientes são socializados em uma casa de família nos primeiros meses. Estudos mostram que o índice de cães aprovados entre os que foram treinados dessa forma é muito maior do que antes da adoção dessa política.

"Medos e fobias muitas vezes são criados pelo próprio dono."

Superfícies diferentes Como piso laminado, escada de incêndio metálica, degraus com vãos.
Ruídos altos Trovão, fogos de artifício, estouros de escapamento, portas batendo. (Existem CDs de ruídos fortes.)
Estações de ônibus e trens Aceitar ficar na caixa de transporte, ruídos, multidões.
Clínica veterinária Superar o medo.
Pessoas diferentes Crianças, adultos, homens, mulheres, cadeiras de rodas; pessoas usando chapéus, carregando guarda-chuvas, com barba, com óculos.
Ruídos domésticos Aspirador de pó, secador de cabelo, campainha, liquidificador.
Fazenda Outras espécies de animais domésticos e de criação.
Pontes e túneis Alturas, escuridão, trens e carros, água.

Casa limpa

Às vezes você tem de ir ao banheiro, urgente! E os filhotes pequenos têm de ir com freqüência. Os cães maiores, com bexigas maiores, costumam aprender o treinamento doméstico mais depressa, pois conseguem armazenar mais urina e segurá-la por mais tempo.

Em poucos dias você vai ter uma idéia clara de quando o filhote precisa fazer necessidades. Geralmente é ao acordar de um cochilo ou depois de uma refeição, e muitas vezes depois de um período de brincadeiras. Por mais vigilante que você seja, haverá alguns acidentes inevitáveis, mas fique calmo e de modo algum castigue fisicamente o filhote. Ele não irá entender por que você está irritado, e você simplesmente terá um cãozinho confuso nas mãos.

Estratégias de treinamento

Observe o filhote para poder reconhecer os sinais de que ele precisa "ir ao banheiro". Estes variam de um cão para outro, mas podem incluir cheirar, andar em círculos, ganir ou até saltar no seu colo.

Assim que você achar que ele quer fazer suas necessidades, leve-o para fora. Saia com ele mesmo que esteja frio ou chovendo, porque senão ele provavelmente vai querer voltar para dentro antes de fazer qualquer coisa.

Leve alguns petiscos com você e elogie-o quando ele começar a fazer, recompensando-o quando terminar. Você também pode bolar uma brincadeira que o faça associar a "ida ao banheiro" com experiências agradáveis. Alguns donos reforçam esse comportamento com um comando verbal, como "xixi", especialmente ao ensinar o filhote a usar um lugar específico. Evite colocar jornais para o filhote sujar dentro de casa. Ele não conseguirá diferenciar entre o jornal colocado para ele e o que você ainda não terminou de ler.

> **Dica do cão feliz**
> O filhote demora mais para aprender se você permitir que ele faça as necessidades dentro de casa, por isso procure sair sempre que ele precisar. Mantenha as suas roupas perto da cama para poder se vestir rapidamente e sair de casa com ele à noite. Ele poderá conseguir segurar as necessidades a noite toda quando tiver cerca de 14 semanas.

Quando ele "erra"

Se você pegar o filhote no meio do "serviço", simplesmente diga seu nome e abra a porta para que ele saia. Diga a palavra "fora" em tom animado, para que ele pense que lá fora é um bom lugar. Se você gritar ou bater nele, ele simplesmente aprenderá a temê-lo, e a ansiedade vai acabar piorando as coisas. Limpe a sujeira rapidamente usando um eliminador de odores e desencoraje o filhote a voltar àquele lugar (veja pág. 33). Evite deixar o filhote em áreas com carpete. Se o cãozinho se comportar bem por algumas semanas e de repente voltar a fazer sujeira dentro de casa, você vai ter de descobrir por quê. Seu veterinário poderá lhe dar conselhos se os problemas continuarem.

"Por mais vigilante que você seja, haverá alguns acidentes inevitáveis."

O CÃO ADESTRADO 71

A escolha do treinador

Um bom treinador não vai ensinar o cão em lugar do dono, mas vai ensinar você a treinar seu cachorro. Sua autoconfiança pode se abalar se seu cão fizer tudo o que o treinador mandar mas ignorar você completamente!

Dica do cão feliz

Evite a todo custo métodos de treinamento rápido como coleiras de choque. Embora possam desencorajar certos padrões de comportamento, não levam em conta os motivos pelos quais o cão tem determinados comportamentos.

Seu cachorro deve gostar das sessões de treinamento e não parecer apreensivo com a experiência. Você pode ajudá-lo transformando o treinamento em uma parte de sua rotina diária, para que não seja algo que ele associe a um determinado lugar ou a sessões repetitivas e experiências negativas. Lembre-se de que seu cão adora agradar você, especialmente quando você lhe dá recompensas generosas.

Como escolher o treinador

Se você já participou de aulas de socialização de filhotes, talvez tenha aprendido o treinamento básico. Comece já a procurar um bom treinador enquanto o cãozinho está ainda no curso para filhotes. Sua clínica veterinária é um bom lugar para obter aconselhamento e recomendações sobre treinadores.

Marque um encontro com o treinador e observe algumas aulas antes de decidir. Só use um treinador profissional que defenda métodos de reforço positivo, que envolvem recompensar o bom comportamento e ignorar os comportamentos indesejáveis.

Seu treinador deve ser alguém com quem você se comunique facilmente, por isso faça muitas perguntas e espere respostas simpáticas que o deixem à vontade para perguntar o que quiser sem se sentir tolo ou intimidado pela falta de conhecimento.

10 dicas para um treinamento feliz

1. Leve sempre uma pochete com você, em casa e nos passeios, cheia de petiscos, para que você possa recompensar seu cachorro quando ele fizer algo que lhe agrada.
2. Quando ensinar alguma coisa nova, use petiscos ou brinquedos que ele aprecie muito, como pedaços de frango ou fígado.
3. Use petiscos que sejam claramente visíveis e não se despedacem quando atirados. Você quer que o cão se concentre em você, e não que passe o tempo farejando as migalhas.
4. Leve um *clicker* no bolso para marcar os bons comportamentos durante todo o dia.
5. Reserve alguns brinquedos especiais para usar apenas nas sessões de treinamento.
6. Se o cão ficar confuso sobre o que você quer que ele faça, volte a uma etapa anterior do treinamento e recomece.
7. Seja paciente – alguns cães demoram mais que outros para aprender.
8. Sempre termine a sessão de treinamento em tom positivo, mesmo que tenha de voltar a uma etapa anterior.
9. Termine a sessão com muitos elogios, prêmios e uma brincadeira.
10. Pratique diferentes tons de voz. Use uma voz mais grave para comandos básicos como "senta" ou "deita" e uma voz mais aguda para comandos mais ativos como "vem" ou "pega".

Treinamento básico de obediência

Há alguns comandos essenciais que você deve se esforçar para ensinar ao cachorro. Mesmo que você não faça questão de treiná-lo, ele precisa ao menos atender ao chamado, sentar-se quando você mandar, caminhar junto de você e andar calmamente quando estiver sem a guia.

Com este treinamento básico você será capaz de controlar seu cão em qualquer situação. Um cão feliz adora aprender coisas novas: o estímulo mental ajuda a manter a vida dele interessante, e ele também vai ficar mais confiante.

Dica do cão feliz
Se você tiver uma raça toy, não pense que o cão é engraçadinho demais para aprender a obedecer. Essas raças podem ser muito inteligentes e gostam de aprender comandos e truques bastante complexos.

"Um cão feliz adora aprender coisas novas."

Treinamento com *clicker*

Os *clickers* são utensílios de treinamento muito úteis que reforçam e recompensam o bom comportamento. São baratos e podem ser encontrados em *pet shops*. Um *clicker* é uma caixa de plástico com uma lingüeta metálica no interior que, quando pressionada com o polegar, faz um som duplo. Ele é pequeno o suficiente para ficar escondido na mão. A idéia é que o cão logo associe o som do clique a uma recompensa, e quando ele fizer essa conexão será fácil fazê-lo repetir um comportamento. O *clicker* pode ser eliminado aos poucos, depois que o comportamento for aprendido, mas é valioso no início do treinamento.

Introdução do *clicker*

Clicar no momento preciso é a chave de um treinamento de sucesso com *clicker*. Pratique até ter confiança de que você sabe usá-lo com total precisão: atire uma bola para o alto e clique antes que ela caia no chão ou antes que ela atinja a parede. Você também vai precisar de petiscos saborosos para dar ao cão assim que usar o *clicker*. Comece atirando um petisco e clicando pouco antes de o cachorro comê-lo e voltar para você. Clique só uma vez e evite deixar o *clicker* perto das orelhas do cão. Repita o exercício várias vezes, e você começará a criar uma associação entre o som do *clicker* e o prêmio. Algumas pessoas preferem ficar com as mãos livres e esconder o *clicker* embaixo do pé.

TREINAMENTO Atender ao chamado

Para que seu cão atenda ao seu chamado, ele precisa associar o ato de vir até você a uma experiência positiva e achar que vale a pena deixar qualquer outra coisa interessante que esteja fazendo. Veja como ensiná-lo:

1. Quando o cão estiver um pouco distante de você, chame-o em um tom ligeiramente animado e agudo. Chame só uma vez, pois você quer que ele reaja imediatamente. Você também pode chamar a atenção dele fazendo barulho com a tigela de comida.

2. Assim que o cão se voltar para você, clique. Quando ele caminhar até você, recompense-o imediatamente com um petisco.

3. Repita esse exercício várias vezes, recompensando-o generosamente todas as vezes com petiscos ou alguns segundos de brincadeira com um brinquedo que ele aprecie muito. Quando ele se voltar rapidamente, você pode dizer o nome dele e acrescentar um comando verbal como "vem". Clique quando ele começar a caminhar para você e recompense-o assim que se aproximar.

Nunca castigue seu cão se ele não vier. Ele vai associar aproximar-se de você com uma experiência desagradável e ficará ainda mais relutante na próxima vez. Evite também correr atrás dele, pois ele vai adorar a brincadeira!

"Senta" e "fica"

Ensinar seu cão a sentar-se sob comando e continuar sentado até você permitir que ele se levante é muito útil e é a base de muitos comandos mais avançados.

Ele deve se sentar sempre que você mandar, esteja ele em pé ou deitado. O comando "pára" ou "fica" imobiliza o cão e pode ser usado em muitas situações, como antes de você colocar a tigela de comida no chão ou para impedi-lo de entrar no carro antes de você limpar suas patas enlameadas.

Dica do cão feliz
Adquira o hábito de dizer o nome de seu cão antes de lhe dar um comando. Isso o ajudará a concentrar a atenção em você.

TREINAMENTO Sentado bonito

Assim como muitos "truques", você pode ajudar o cachorro levando-o a colocar o corpo numa posição que facilite a execução. Quando ensinar o "senta", você usará um petisco para atrair seu focinho verticalmente para cima, o que automaticamente fará seu traseiro baixar. Talvez você ache mais fácil ensinar o "senta" com o cão na guia.

1. Comece segurando um petisco escondido na mão e chame o cachorro até você.
2. Quando ele estiver na sua frente, abra a mão para mostrar o petisco.
3. Segure o petisco acima da cabeça do cão e mova a mão ligeiramente em direção à cauda dele. Isso o fará levantar o focinho e baixar o traseiro, e ele deverá se sentar.
4. Clique assim que ele se sentar e lhe dê o prêmio.
5. Repita várias vezes e aos poucos introduza o comando verbal "senta".

TREINAMENTO Fica!

É importante ensinar seu cão a ser paciente. Os especialistas em comportamento muitas vezes são solicitados a treinar cães que se tornaram dominantes e prepotentes em casa, e a maioria deles não aprendeu direito o comando "fica" ou "espera".

1. Comece pedindo ao cão que venha até você e se sente. Em vez de clicar assim que ele se sentar, espere cerca de três segundos, então clique e ofereça um prêmio gostoso. Repita várias vezes, aumentando aos poucos o tempo que ele espera pelo clique para até seis segundos. Desse modo, você lhe ensinará que a paciência por esperar será recompensada, e não o "senta". Aos poucos introduza o comando verbal "espera" ou "fica".
2. Quando o cão compreender, dê um passo ou dois para trás. Se ele ficar sentado, clique e volte até ele, dando-lhe um prêmio. Aos poucos, afaste-se cada vez mais e mova-se ligeiramente para os dois lados. Clique quando você estiver no ponto mais distante do cachorro e então volte até ele, dando-lhe a recompensa.
3. Se o cão se levantar quando você clicar e isso ocorrer antes de ele receber o prêmio, coloque-o novamente sentado e tente de novo.
4. Ensine a seu cão uma palavra para indicar que a espera terminou, como "OK" ou "muito bem".

PESQUISA
Cientistas provaram que os cães conseguem entender um número de palavras semelhante ao compreendido por uma criança de 3 anos.

"De pé" e "deita"

Talvez você não queira ensinar seu cachorro a deitar-se sob comando, especialmente se ele vive deitado! Mas vale a pena lembrar que os cães se sentem muito vulneráveis quando estão deitados, pois é uma posição de submissão.

Deitar-se quando você ordena é um indício da confiança e do respeito do cão por você como líder da matilha. Também pode ajudar a tranqüilizar visitantes que vêm à sua casa, especialmente quando eles ficam um pouco apreensivos com cachorros.

TREINAMENTO Deita

1. Comece quando o cão estiver de pé e chame-o até você. Segure um petisco escondido na mão para que ele possa cheirá-lo, mas não pegá-lo. Aos poucos baixe a mão, o que também vai atrair a cabeça dele e a frente do corpo para baixo.
2. Quando ele estiver nessa posição, mantenha a mão parada, e o traseiro do cão deverá baixar. Assim que ele ficar deitado, clique e lhe dê o prêmio.
3. Repita várias vezes até que ele se deite diretamente. Acrescente o comando "deita" e ele rapidamente aprenderá a ficar nessa posição assim que ouvir a palavra.
4. Agora experimente o mesmo movimento, mas comece com o cão sentado. Dessa vez atraia-o um pouco para a frente e para baixo, para que suas patas dianteiras se afastem um pouco até que ele não consiga se esticar mais sem deitar-se. Mova o prêmio até o chão e assim que ele se deitar clique e lhe dê o prêmio.
5. Repita várias vezes e acrescente aos poucos o comando "deita".

> **Dica do cão feliz**
> Não use os comandos fora do contexto. O comando "deita" só deve ser usado para que ele se deite imediatamente. Por isso, se ele tiver pulado sobre o sofá e você quiser que ele desça, não diga "deita", use outro comando, como "sai".

TREINAMENTO De pé

Ensine seu cão a se levantar rapidamente quando você mandar.

1. Comece com o cão sentado. Esconda um petisco na mão e se afaste um passo, mantendo o petisco na altura do focinho e atraindo o cão para você. Cuidado para não levantar muito a mão, ou ele voltará a sentar-se; se sua mão estiver baixa, ele vai se deitar.
2. Assim que ele ficar de pé, clique e lhe dê o prêmio. Repita várias vezes, introduzindo aos poucos o comando "de pé".
3. Depois ensine o cão a se levantar partindo da posição deitado. Esconda o petisco na mão e recue, atraindo-o para você com a mão. Ele vai levantar o focinho e, a seguir, as patas dianteiras e traseiras. Assim que ele ficar de pé, clique e dê o prêmio.
4. Repita várias vezes e aos poucos acrescente o comando "de pé".

"Ensinar o cão a deitar-se pode ajudar a tranqüilizar as visitas em casa."

Cuidado
Cães de pele fina ou de ossos protuberantes como o greyhound ou o whippet não vão gostar de ficar deitados numa superfície fria, como cimento. Cães mais velhos que perderam massa muscular também ficam incomodados.

Andar junto

O cão vai ficar feliz em caminhar ao seu lado, com a guia ou sem ela. Mas você não pode esperar que ele faça isso se não lhe ensinar como é o "junto".

O "junto" é a posição em que o cão fica ao lado de sua perna esquerda, com o focinho perto de seu joelho. Você deve ligar esse comando a outros, como "senta" ou "deita". Se você tiver mais de um cão, obviamente eles não poderão andar com você nessa posição e geralmente o cão dominante tentará chegar lá primeiro. O outro cão se contentará então em caminhar junto à sua perna direita. Desse modo, você vai controlar melhor os cães.

"Seu cão deve sempre concentrar o olhar e a atenção em você, na esperança de ganhar algum prêmio."

TREINAMENTO Junto

1. Com o cão parado na sua frente e ligeiramente à esquerda, segure um petisco na direção do focinho dele.
2. Dê um passo para trás com a perna esquerda e use o petisco para atrair o cão em um semicírculo ao seu redor, até que o focinho fique logo atrás da sua perna esquerda. Veja que ele mantenha os quartos traseiros à sua direita e, assim que o fizer, clique.

3. Agora junte seus pés e atraia o cão para a frente, alinhado ao seu joelho. Quando ele estiver na posição correta, dê-lhe o petisco.
4. Fique de pé na frente do cachorro e repita o exercício. Quando ele começar a entender, você pode incluir o comando verbal "junto".
5. Pratique dos dois lados, mas marque cada posição com um comando diferente, talvez usando "junto" para o lado esquerdo e "perto" para o lado direito.

Quando o cachorro ficar mais acostumado a entrar na posição, ele começará a desenvolver a "consciência do traseiro". Ele logo conseguirá girar a parte traseira rapidamente para ficar junto de você o mais depressa possível.

2. Com o tempo você pode tentar fazer trajetos mais complexos, como andar em círculos ou em forma de 8.
3. Varie seu passo de rápido para lento e rápido novamente. Aumente o ritmo aos poucos, até que você possa correr ou andar em ziguezague com o cão posicionado junto à sua perna.

> **Mantenha o foco**
> Quanto mais seu cão concentrar a atenção em você, menor a probabilidade de que ele se distraia com outros cães, com o que vê e com odores enquanto passeia. Ensiná-lo a ficar ao seu lado na posição "junto" será muito útil para essa finalidade.

TREINAMENTO Passear

Agora que seu cão sabe onde deve ficar, você pode começar a caminhar com ele, e quando você der o comando "junto" ele deverá manter essa posição.

1. Segure um petisco com a mão abaixada ao seu lado e caminhe pela sala junto com ele. Sem parar, de vez em quando lhe dê um petisco e imediatamente pegue outro da pochete em sua cintura. O cão deve sempre concentrar o olhar e a atenção em você, na esperança de ganhar algum prêmio.

Siga o líder

Quando você passeia com o cachorro e ele o puxa para todo lado não é nada divertido. E pode até ser perigoso, especialmente se você for puxado na direção de outros cães ou para a rua.

Cães felizes e descontraídos caminham contentes ao lado dos donos, porque sabem que esse é o melhor lugar para estar. Também é essencial ter total controle sobre o cão quando ele caminha ao seu lado sem a guia, especialmente se quiser experimentar outras atividades, como *agility*.

Escolha dos acessórios

Guia Uma guia curta e forte lhe dará mais controle do que uma longa e flexível. Se o cão for forte, segure a guia com as duas mãos para ter mais controle no caso de ele avistar algo interessante e o arrastar naquela direção.

Coleiras especiais Como último recurso, há diversos tipos de coleiras, como peitorais e "coleira/focinheira" (Gentle Leader) no mercado, destinados a dar mais controle aos donos. Treine seu cão a usá-los em sessões curtas, em casa e no jardim inicialmente, e faça-o associar o equipamento a experiências agradáveis. As coleiras/focinheiras pressionam a nuca e o focinho, por isso não puxe com força nem aplique pressão contínua.

TREINAMENTO Por favor

1. Coloque a guia no seu cachorro e dê o comando "junto".
2. Leve-o para passear e, se ele começar a puxar, simplesmente pare de andar, firme os pés no chão e espere que ele pare ou se volte de frente para você. Assim que ele parar e a guia afrouxar, clique.
3. Ande na direção dele e fique de pé com ele do seu lado esquerdo. Assim que vocês estiverem parados lado a lado, com a guia frouxa, dê-lhe um petisco.
4. Repita isso várias vezes e o cão logo perceberá que você tem petiscos e começará a andar perto de você na esperança de ganhá-los.

TREINAMENTO Círculos

Faça um treino de círculos com seu cão na guia. Se ele ficar na parte de fora do círculo será mais fácil que se concentre em você e se mova com mais desembaraço.

1. Com a mão da guia afastada do seu corpo, dê vários passos rápidos. Se a guia continuar frouxa e o cão concentrado em você, clique e então pare e lhe dê um prêmio.
2. Repita nas duas direções.

Familiaridade com a rua

Para que o cão se familiarize com o trânsito, caminhe com ele alguns minutos por dia em uma rua movimentada. Sempre com a guia. Isso vai acostumá-lo ao visual e aos sons e ajudá-lo a perceber que não há nada a temer. Antes de atravessar uma rua, sempre dê os comandos "senta" e "fica".

Dica do cão feliz

Os cães ousados e dominantes gostam de andar com a guia curta e tensa. Assim podem sentir você ao lado deles como parte da matilha. Cães nervosos não gostam de guia curta, pois acham que algo assustador está por vir. Caminhar com a guia longa e frouxa deixa esses cães mais seguros.

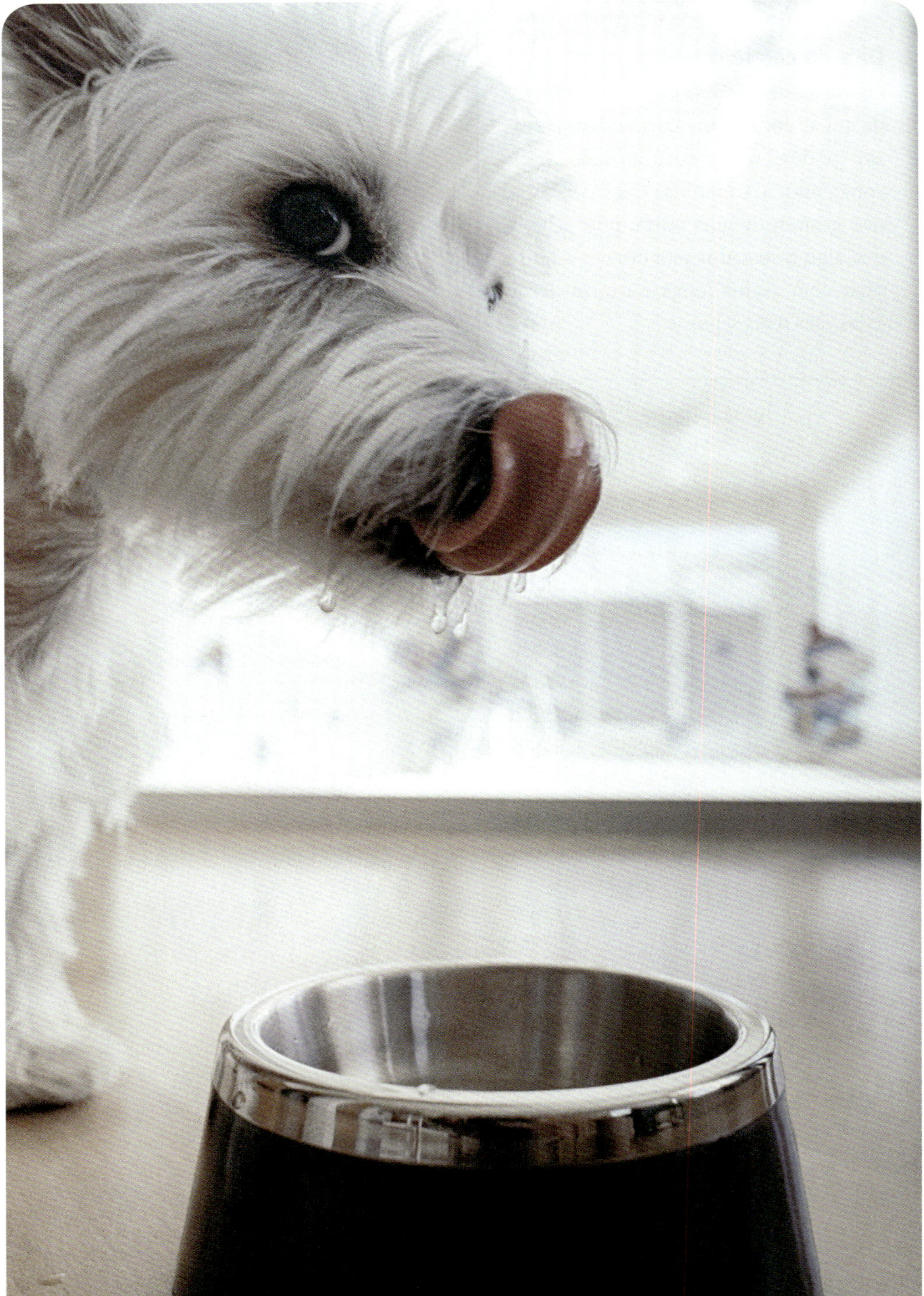

6 A comida do cão feliz

Como você deve ter percebido, os cães são muito motivados por alimentos. Eles adoram comer e podem ser muito gulosos, o que significa que podem engordar rapidamente se os donos não tomarem cuidado. É igualmente importante que o cão receba a quantidade suficiente de todos os nutrientes de que ele precisa para ser feliz e saudável em cada etapa da vida.

Este capítulo o orientará com segurança sobre o que é bom ou ruim na alimentação do cão, seja qual for sua idade, raça ou seu porte.

Alimentação ao longo da vida

Há rações para animais de estimação desenvolvidas especialmente para filhotes, para adultos ou para idosos, por isso verifique os rótulos antes de comprar.

O filhote costuma ser desmamado com aproximadamente três semanas. Quando o levar para casa, continue alimentando-o com a mesma ração que o criador lhe dava. Introduza mudanças gradualmente depois de algumas semanas para evitar problemas digestivos.

Os filhotes precisam de quatro refeições por dia, que passarão a três quando eles tiverem 12 semanas. Com quatro a cinco meses você pode dividir a comida em duas refeições. Com cerca de nove meses o cachorro deverá ter uma dieta de cão adulto.

Dicas para um jantar canino delicioso

- Sirva a comida do cão numa tigela adequada ao tamanho dele. Coloque-a sobre um tapete antiderrapante para que ele não tenha de perseguir a tigela por toda a cozinha.
- Um cão idoso ou alto ficará muito feliz se você lhe comprar um suporte de tigela para que ela fique acima do chão.
- Se o cachorro tem orelhas pendentes e longas, como o spaniel ou o basset, escolha uma tigela estreita e funda para evitar que as orelhas entrem no prato.
- Verifique os rótulos para ter certeza de que está dando a quantidade certa de comida.
- Retire o alimento da geladeira uma hora antes de servir ao cão, para que ele fique em temperatura ambiente, o que o torna mais saboroso.
- Jogue fora imediatamente o alimento úmido que sobrar, pois estraga-se rapidamente.
- Lave sempre as tigelas de comida. As bactérias se multiplicam rapidamente em tigelas sujas e podem causar problemas gástricos.
- Assegure-se de que ele tenha sempre bastante água fresca à disposição.

Comida, gloriosa comida!

Uma das melhores maneiras de deixar seu cão feliz é dar a ele o melhor alimento que você puder comprar. Alimentá-lo com rações prontas provavelmente é o método mais conveniente para donos ocupados, a não ser que você tenha um grande conhecimento de nutrição canina e tempo livre para preparar comida com ingredientes frescos.

Cuidado

Ignore aqueles lindos olhos suplicando para você deixá-lo comer os restos do seu prato, que podem ter muitas calorias e perturbar o equilíbrio nutricional das rações. Os ossos podem lascar e ferir o trato digestivo do animal, causando-lhe dor e até a morte.

As rações prontas contêm a quantidade suficiente de carne, peixe, cereais, vitaminas e minerais para satisfazer as necessidades nutricionais do cão adulto em uma ou duas porções diárias, por isso são a melhor opção para a maioria dos donos.

Alimentação e comportamento

"Nós somos o que comemos", e nossos cães não são diferentes. Alguns problemas de comportamento podem ser atribuídos a mudanças na dieta, e cada cão pode reagir de uma forma a diferentes níveis de açúcar, substâncias químicas e conservantes dos alimentos. Alguns corantes foram relacionados a problemas de comportamento, e há certas evidências de que o milho pode provocar, em alguns cães, hiperatividade e outros problemas.

Se o cachorro tiver alterações de comportamento ou humor e não houver um motivo físico óbvio para isso, vale a pena examinar a dieta dele para ver se você fez alguma mudança recente. Felizmente, nos últimos anos a nutrição canina melhorou muito e atribui-se a ela a razão de hoje os cães viverem mais.

Água

O cão só deve beber água – fresca e limpa. O leite contém lactose e pode lhe causar problemas gástricos. Embora alguns cães adorem beber água de poças, lagos e rios, ela pode conter poluentes químicos e naturais, causando problemas estomacais ou até ser fatal, principalmente em localidades de clima quente, onde as bactérias se multiplicam mais rapidamente.

Alimentação do filhote

Os filhotes crescem tão depressa que precisam 2,5 vezes mais calorias por unidade de peso corporal que os cães adultos. Mas lembre-se de que eles têm estômagos pequenos, por isso o alimento deve ser dado em pequenas porções várias vezes ao dia (veja pág. 85).

PESQUISA
Estudos mostram que o raquitismo, doença dos ossos associada à má alimentação e à falta de vitamina D, hoje é rara nas clínicas veterinárias. Isso é atribuído à ampla disseminação do uso de rações prontas, que são formuladas para conter todos os nutrientes necessários à saúde dos cães.

Suplementos e aditivos

Todos nós temos mais consciência da saúde hoje em dia, inclusive, é claro, os donos de animais de estimação. Muitos acham que se tivessem tempo de preparar uma comida especial para seu cão ele seria muito mais feliz. Também há receio de que as rações prontas possam conter aditivos potencialmente nocivos, e existem dúvidas sobre a necessidade ou não de suplementos de vitaminas e minerais.

Com tantas perguntas, e uma variedade de respostas de diferentes fabricantes de rações, talvez seja difícil saber o que é melhor fazer. Mas uma coisa é certa: ao contrário dos seres humanos, os cães não se importam com a apresentação ou a aparência dos alimentos. São a textura, o cheiro e o sabor que realmente os entusiasmam.

Dê-lhe uma guloseima

Você pode alimentar seu cão com ração pronta, mas também pode preparar para ele de vez em quando uma deliciosa refeição caseira, usando bons pedaços de carne e peixe. As refeições feitas em casa são especialmente apreciadas quando o cão está se recuperando de uma doença ou cirurgia – arroz cozido com frango, oferecido em pequenas quantidades, é muito saboroso e de fácil digestão.

Suplementos

- Como regra geral, se o cachorro come uma ração completa e equilibrada, não terá necessidade de suplementos de vitaminas e minerais para manter-se feliz, saltitante e com boa saúde.
- Há algumas evidências de que o excesso de minerais pode ser prejudicial ao cão, e o excesso de um mineral pode prejudicar a absorção de outro.
- Os cães são naturalmente carnívoros, e os donos que dão a seus cães dietas vegetarianas podem lhes causar problemas de saúde como anemia, por isso consulte o veterinário sobre suplementos antes de começar um regime sem carne. Há evidências de que óleo de peixe pode ser benéfico para cães com problemas como artrite, de pele ou ferimentos infeccionados. Sempre consulte o veterinário antes de dar qualquer suplemento ao cão.

Aditivos

As rações caninas secas costumam conter conservantes, ao contrário das úmidas, em que o próprio processo de enlatar ajuda na preservação. É por isso que as rações úmidas devem ser jogadas fora um dia depois de abertas e mantidas tampadas na geladeira entre as refeições.

Os fabricantes de rações podem evitar aditivos, mas nem sempre deixam claro se os ingredientes utilizados por eles também não têm aditivos. Nem todos os aditivos são prejudiciais à saúde, alguns são até benéficos, mas os efeitos de alguns, no longo prazo, não são ainda bem conhecidos. Faz sentido evitar rações multicoloridas – seu cachorro certamente não se importa com o tom marrom do alimento.

PESQUISA

Os fabricantes de rações patrocinam grande parte das pesquisas sobre os efeitos das rações na saúde animal, por isso talvez seja difícil encontrar conclusões idôneas sobre os efeitos da comida feita em casa. Mas o bom senso lhe dirá que há uma enorme diferença entre dar ao cão restos de comida e cozinhar comida de qualidade especialmente para ele.

Consumo de gorduras

Você pode ter notado que seu cachorro às vezes decide mastigar grama no jardim. Não se sabe exatamente por que alguns cães gostam de comer grama, mas pode haver ligação com a necessidade extra de fibras. A grama é um emético natural, por isso talvez seja bom deixar o cão do lado de fora até que vomite.

Que delícia!

Aqui estão algumas receitas que com certeza deixarão seu cachorro extremamente feliz. Apesar de exigir algum tempo e esforço, preparar estas delícias para ele é muito gratificante.

Dica do cão feliz
Seu cão ficará superfeliz num dia quente, se você lhe der um "picolé" feito em casa! Simplesmente misture caldo de carne ou frango com água e congele em bandejas de gelo. Para um petisco extra, você pode acrescentar a essa água um couro para mastigar.

Você pode economizar tempo no futuro cozinhando grandes quantidades de comida e congelando a que não for usar imediatamente.

Cozinha feliz
Por segurança, cozinhe bem todos os ingredientes. Embora alguns donos sejam a favor dos alimentos crus, não há como controlar as bactérias ou produtos químicos nos alimentos *in natura*. Tome cuidado para não usar ingredientes que podem causar problemas estomacais: verifique a lista na pág. 11.

Seja criativo
Use a imaginação para combinar ingredientes diferentes em deliciosos e nutritivos petiscos para o cão. Experimente bater no liquidificador fígado cozido misturado com ovo, um pouco de farinha e assar como um bolo. Ou misture uma lata de atum com dois ovos, uma xícara de farinha integral e uma colher de alho em pó; bata no liquidificador até adquirir a consistência de massa de bolo, espalhe sobre uma assadeira untada e deixe assar a 180ºC (nível 4) por 15-20 minutos, depois corte em pequenos quadrados.

Petiscos de chocolate

Para um petisco superespecial na Páscoa ou no Natal, derreta um pouco de chocolate para cães e coloque em fôrmas divertidas. Simplesmente coloque o chocolate em uma tigela à prova de calor em banho-maria. Aqueça constantemente, mexendo até o chocolate derreter. Unte ligeiramente a fôrma e adicione a mistura com uma colher. Se você fizer um ovo de Páscoa, espalhe a mistura além das bordas da fôrma para ajudar a unir as duas metades. Coloque na geladeira para esfriar. Adicione alguns biscoitos caninos comprados ou feitos em casa dentro de uma metade, pressione a outra metade por cima e espalhe mais chocolate derretido nas bordas para fechar.

Cozido canino

Faça um cozido com frango e uma seleção de legumes como cenoura bem picada, vagens, aipo picado e uma xícara de arroz integral ou branco. Despeje água ou caldo de frango e asse no forno a 180ºC (nível 4) por 45 minutos.

Biscoitos do cão feliz

Ingredientes
90 g de farinha integral
15 g de banha ou manteiga
3 tabletes de caldo de carne
2 colheres (sopa) de queijo ralado
1 litro de leite
50-75 ml de caldo ou água

Preparo
Misture com os dedos a farinha e a banha. Esmague os tabletes de caldo na mistura e acrescente o queijo ralado. Adicione aos poucos o leite e o caldo ou a água, até formar uma massa firme. Abra a massa e corte em quadrados. Coloque sobre uma assadeira polvilhada com farinha e asse a 180ºC (nível 4) por 45 minutos. Deixe esfriar e guarde num recipiente hermético.

De mais ou de menos?

Seu cachorro é muito exigente com o que come? Ou é tão guloso que rouba a comida do seu prato quando você não está olhando? O alimento é algo tão vital que, quando oferecemos uma refeição ao cão e ele se recusa a comer, podemos nos sentir muito culpados e frustrados.

Por outro lado, pode ser muito incômodo, quando estamos prestes a nos sentar para almoçar, nos distrair por um momento e perceber que o cão atacou nosso prato! Mas, seja qual for o problema, sempre há uma solução.

Cuidado
Quando houver qualquer problema com a alimentação, é sempre aconselhável levar o cão ao veterinário para descartar alguma causa física, como mudanças na taxa metabólica.

Cão sem apetite

Donos que chegam a alimentar os cães exigentes com colher ou que estão sempre tentando-os com sabores e variedades de alimentos diferentes na verdade estão agravando o problema.

Para incentivar seu cachorro a comer, experimente servir uma porção diária de alimento equilibrado em uma tigela limpa. Se ele não comer tudo, não lhe dê mais nada (principalmente petiscos), e pouco antes de ir dormir jogue fora o que ficou na tigela. Repita o procedimento no dia seguinte; segundo a maioria dos especialistas em comportamento animal, você verá uma melhora em poucos dias.

Não esqueça que um filhote tem estirões de crescimento e seu apetite varia de vez em quando, por isso tente não se preocupar muito.

PESQUISA

Estudos mostram que os cães, assim como os lobos, além de predadores, acostumaram-se a roubar comida. Há um forte incentivo biológico para qualquer predador se aproveitar da presa de outro animal, pois exige menor esforço e é menos arriscado do que matar por si próprio. Cães de resgate que tiveram de procurar comida às vezes continuam a vasculhar o lixo e roubar comida, por isso esconda os alimentos e coloque o lixo num lugar à prova de cães.

Furto canino

Alguns cães são muito atraídos pelo cheiro dos alimentos, e a melhor maneira de impedi-los de roubar é guardar toda a comida sempre que não houver ninguém presente.

Conforme os cães crescem, alguns adquirem o hábito de se erguer nas patas traseiras e espiar pias e mesas da cozinha. Impedir esse comportamento com ruídos fortes ou jatos de uma pistola de água pode traumatizar um cão ansioso e não é a melhor solução. Coloque fita adesiva dupla face ou papel pega-mosca na beirada dos balcões. Ao colocar as patas nessa "armadilha" o cachorro vai associar a experiência a algo desagradável. Troque o adesivo diariamente; em algumas semanas ele vai deixar de ter esse comportamento.

Se o cão insistir, coloque-o em outro cômodo quando você estiver comendo ou preparando comida. Peça conselhos ao veterinário ou a um consultor de comportamento animal.

A "boca feliz"

Ao completar seis semanas, o filhote terá os 28 dentes de leite. A dentição adulta geralmente aparece dos 4 aos 6 meses.

Como com um bebê, você pode facilitar a dentição do seu filhote nessa fase desconfortável dando-lhe muitos brinquedos resistentes e seguros e coisas para ele treinar os dentes e as gengivas. O veterinário checará os dentes dele no exame anual e pode aconselhar uma limpeza de dentes profissional, mas enquanto isso você pode ajudá-lo a ter uma "boca feliz" aprendendo a escovar os dentes dele.

Por que escovar?

Escovar os dentes do cão é a melhor maneira de evitar doenças das gengivas. É importante porque, se o cão tiver problemas nas gengivas que não forem tratados, as bactérias que causam a inflamação podem entrar na corrente sanguínea e causar ou agravar problemas de outros órgãos como coração, fígado e rins.

Como escovar

Acostume o filhote a ter os dentes e a boca examinados desde cedo. Examine se há dentes quebrados e se os dentes definitivos estão nascendo quando os de leite caírem.

Coloque uma luva de borracha ou uma dedeira especial para limpeza de dentes e delicadamente esfregue um dedo sobre as gengivas e os dentes do cão com um pouco de pasta de dente. Você pode acostumá-lo aos poucos a ter os dentes escovados com uma escova dental para animais duas vezes por semana.

Objetos destroçados

Peça às pessoas de casa que guardem brinquedos, meias, chinelos etc. para que o filhote não possa roê-los. Dê-lhe couros especiais e brinquedos próprios para que ele exercite os dentes de leite. Ele também pode gostar de roer uma cenoura ou um talo de salsão. Evite dar ossos, pois eles podem rachar e ficar entalados na garganta do animal.

PESQUISA

Oitenta e cinco por cento dos cães de mais de 3 anos têm problemas na gengiva, acumulando uma placa nos dentes. Se a placa não for retirada, mistura-se com minerais da saliva e endurece, formando o tártaro. Se a placa e o tártaro não forem removidos pelo veterinário, podem causar gengivite, uma doença inflamatória dolorosa e malcheirosa.

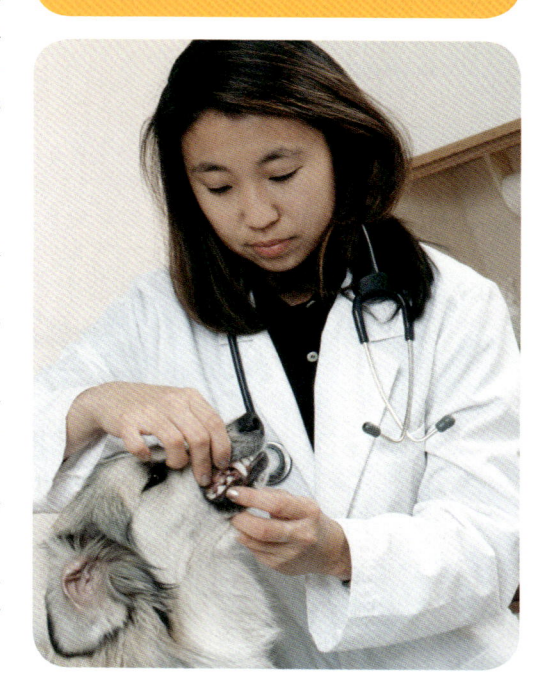

Sinais de problemas bucais

Seu cão pode estar sofrendo problemas nos dentes ou na gengiva quando:
- Estiver comendo com muito cuidado, usando só um lado da boca, ou ficar remexendo a comida.
- Emagrecer porque sente dor ao comer.
- Ficar esfregando a boca com a pata.
- Estiver babando excessivamente.
- Tiver halitose (mau hálito).

Peça conselhos ao veterinário sobre quaisquer desses sintomas, especialmente se você perceber que o cachorro tem um dente quebrado ou gengivas vermelhas ou sangrando.

> **Dica do cão feliz**
> Dar alimentos secos ao cão e também couros especiais para a limpeza de dentes podem ajudá-lo a manter a boca e os dentes saudáveis.

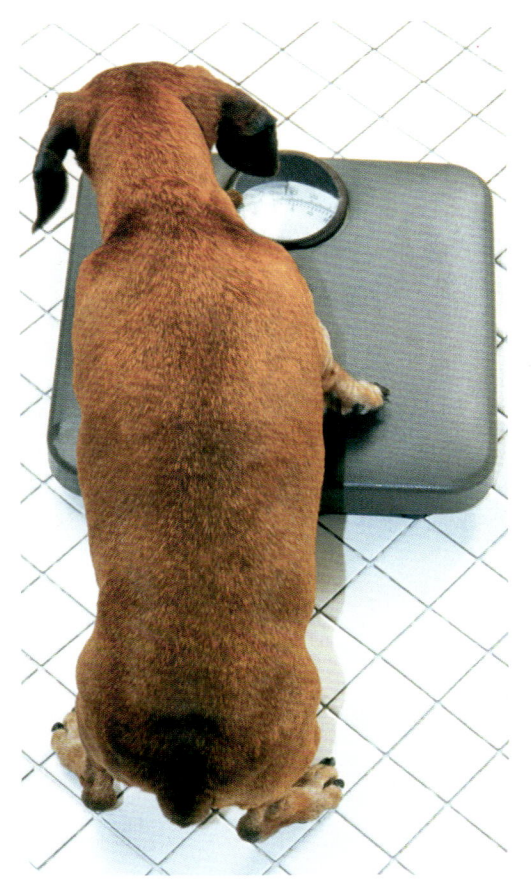

Cão gordo não é feliz

Se seu cão estiver com sobrepeso, ele pode sofrer graves problemas de saúde, como artrite, diabete, doenças cardíacas, renais e respiratórias. Também pode ficar letárgico, dormir demais e viver menos.

Leve o cão para um *check-up* anual. O veterinário lhe dirá se ele está acima do peso. Essa realmente não é uma situação feliz, mas pode ser remediada.

Dicas dietéticas caninas

Muitas clínicas veterinárias oferecem tratamento para emagrecer cães, mas se você preferir trabalhar sozinho aqui vão algumas diretrizes dietéticas que deve experimentar:

- Evite dar petiscos como prêmio, pois podem acumular calorias. Use elogios verbais, brinquedos e brincadeiras.
- Exercite mais o cão. Se você lhe der pouca comida, vai deixá-lo muito infeliz.
- Procure alimentos com alto teor de fibras e baixas calorias. Seu veterinário pode prescrever alimentos *diet* se necessário.
- Seja realista sobre quanto peso você espera que ele perca: a perda lenta e constante é melhor que a rápida.
- Não experimente dietas caninas na moda. Elas são nutricionalmente desequilibradas e vão privar seu cão das vitaminas e minerais essenciais para ter boa saúde.
- Não se esqueça de que seu cão pode ficar mais lento e exercitar-se menos conforme envelhecer, por isso você deverá fazer ajustes no consumo de calorias.

Ele está gordo?

Um corpo canino saudável deve parecer proporcional. Você pode apalpar as costelas do cão e não deve ver dobras ou gordura. Se ele estiver gordo demais, você não vai distinguir a cintura e ele terá uma cauda grossa.

Dica do cão feliz

Não ceda aos pedidos dele. Enquanto o cão estiver de dieta, experimente colocá-lo em outra sala quando você estiver preparando sua comida e comendo. Assim você não será tentado a lhe dar petiscos.

PESQUISA

Estudos mostram que hoje um grande número de cães está acima do peso. Parte do problema é atribuída ao fato de os donos lhes darem alimentos errados e em excesso. Além disso, como os donos têm cada vez menos tempo, não conseguem exercitar-se com seus cães. A combinação de exercício com hábitos alimentares modificados (e não um ou outro isoladamente) é a maneira mais eficaz de ele perder e manter o peso.

Agindo em dupla

Se seu cão está com excesso de peso porque come demais e faz exercícios de menos, é provável que você esteja na mesma situação. Por que não se une a ele em um programa de emagrecimento a dois, aumentando seu regime de exercícios para que ambos possam ter estilos de vida mais saudáveis e fiquem mais em forma e felizes?

Hora da festa

Durante alguns feriados, como Natal ou Páscoa, todos ficamos mais propensos a relaxar. Mas garanta que sua família entenda a dieta do cão e a respeite, ou todo o trabalho duro poderá se perder rapidamente. Se você não resiste a lhe dar petiscos, arranje alguns de baixas calorias, como cenoura cortada em palitos (surpreendentemente, muitos cães os adoram) ou couro para mastigar.

"Hoje um grande número de cães está acima do peso."

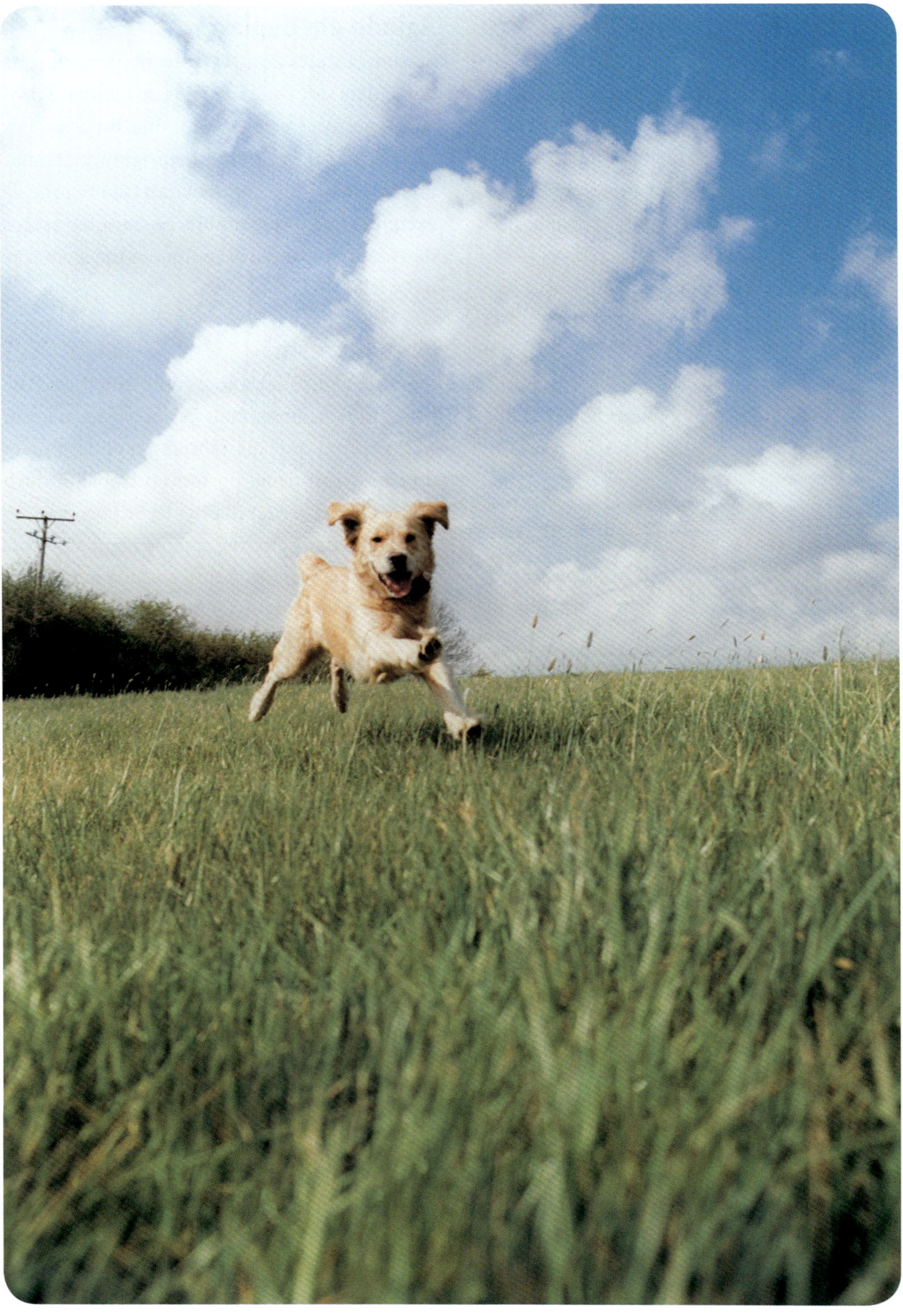

7 Exercícios

Exercitar-se com o cachorro é realmente um dos prazeres de ter um animal de estimação e a melhor maneira de vocês dois passarem tempo juntos. Mesmo que a idéia de passear com ele numa manhã fria e escura de inverno não pareça tentadora, o passeio manterá vocês dois saudáveis e é muito importante na rotina diária dele.

Tente fazer percursos diferentes e conhecer os donos de outros cães, para que seu passeio seja um começo de dia feliz e sociável. Lembre-se de que, desde que seu cão esteja se exercitando o suficiente, de acordo com seu porte e tipo (veja págs. 40-41), a qualidade do passeio é mais importante que a quantidade de tempo que vocês passam fora. Este capítulo lhe dará várias idéias de atividades divertidas que ajudarão a manter seu cachorro feliz e entusiasmado.

Cuidado

Fique atento para não exercitar demais um filhote. Se ele parecer cansado quando vocês estiverem caminhando, pare por alguns minutos para que ele descanse. Mas não se habitue a pegá-lo e carregá-lo para casa – você poderá lamentar quando ele ficar crescido!

Atenção ao clima

Seja qual for a atividade ao ar livre que você escolher, deve ficar de olho no clima para que o cão tenha benefícios físicos e mentais e desfrute plenamente o exercício. Os cães mais velhos e os que têm pêlo mais fino e curto vão apreciar um casaco confortável quando saírem em dias frios e úmidos. Exercícios em clima quente podem aquecer demais o cachorro, por isso leve sempre uma garrafa de água e faça paradas regulares para lhe oferecer um gole.

Se você suspeitar que o cão está superaquecido, molhe-o com uma mangueira por cerca de dez minutos, dando especial atenção à barriga – ali a pelagem é mais fina e ele se resfriará mais depressa. Procure o veterinário com urgência se a respiração do cachorro não voltar rapidamente ao normal.

Vamos brincar!

Brincar com seu cão é uma ótima oportunidade para vocês dois aprenderem a se comunicar, confiar um no outro, divertir-se e trabalhar juntos. Há centenas de coisas que vocês podem fazer em um ambiente não-competitivo que ajudarão a treinar o cão e também a mantê-lo estimulado.

As brincadeiras vão aprofundar a ligação entre vocês dois e também são um ótimo exercício. Você pode brincar com o cachorro sozinho ou convidar alguns amigos caninos e seus donos para participar. É importante considerar a idade do cão, suas condições físicas e de saúde. Alguns cães ficam tão entusiasmados que brincam demais e correm o risco de sofrer lesões.

Hora de brincar

Reúna vários brinquedos para seu cão e dê um nome a cada um deles. Você pode então usar um *clicker* e alguns petiscos (veja págs. 74-75) para ensinar o cão a identificar e pegar os brinquedos com a boca, entregando-os a você ou colocando-os em uma caixa.

Sempre leve alguns brinquedos quando sair para passear com o cachorro, para poder brincar com ele. Um brinquedo é especialmente útil para atraí-lo quando surgem distrações à frente, como outro cão. Bolas, *frisbees* e brinquedos de cabo-de-guerra são ideais.

Do que brincar

Esconde-esconde Coloque o cão na posição "senta" e "fica" (veja págs. 76-77), e vá se esconder. Chame-o e veja quanto tempo ele demora para encontrá-lo. Elogie-o sempre que tiver êxito.

Caça ao tesouro Você pode fazer essa brincadeira dentro ou fora de casa. Esconda alguns petiscos ou brinquedos e a seguir solte o cão para que vá procurá-los. No início use lugares fáceis, depois aumente a dificuldade escondendo os petiscos sob almofadas, móveis ou em outra sala.

Seguir o chefe Monte um trajeto com obstáculos incluindo cones, degraus, uma piscina rasa, um arco de plástico, um pequeno salto etc. Cronometre o tempo que vocês levam para completar o percurso com sucesso. Você pode fazer o percurso com o cão na guia ou solto.

Saltos ornamentais Monte uma minipista de saltos para você e seu cão saltarem. Use objetos que caiam com facilidade quando o cão esbarrar neles: experimente colocar um cabo de vassoura sobre duas cadeiras ou sobre baldes virados, a pouca distância do chão, para não prejudicar as articulações do cachorro. As crianças adoram essa brincadeira.

Adivinhar Coloque vários recipientes vazios em linha. Coloque um petisco embaixo de um deles e veja quanto tempo o cachorro leva para encontrar o "premiado".

Equilíbrio Faça o cão andar em cima de uma tábua equilibrada sobre dois baldes. Comece com uma bem larga e aos poucos diminua a largura. Lembre-se de que é um jogo de equilíbrio, e não um número de trapézio, por isso deixe a tábua perto do chão para evitar ferimentos.

Cabo-de-guerra Alguns treinadores são contra o cabo-de-guerra, mas desde que você garanta que é você e não o cão quem está sempre no comando e saiba determinar com segurança quando a bricadeira acabou, pode ser divertido. É melhor evitar o uso de peças de roupa velhas, pois isso pode encorajar o cão a puxar algo que você esteja vestindo. Faça o brinquedo amarrando panos velhos em uma corda ou compre um nas *pet shops*.

"As crianças devem estar sempre acompanhadas quando brincarem com cachorros."

Passeios

Os passeios são muitas vezes mais divertidos para o cão do que para o dono. Você faz o mesmo caminho todos os dias e vê as mesmas coisas – e só interage com o cachorro para repreendê-lo por latir ou quando ele puxa a guia. Mas não precisa ser assim!

Passear com seu cachorro é uma excelente maneira de desenvolver seu relacionamento e melhorar as habilidades sociais dele. Os cães amam exercícios e gostam de passar um tempo agradável com o "líder da matilha".

Como fazer passeios divertidos

Variedade é o segredo para manter você e seu cachorro felizes; por isso, se o passeio com seu cão é entediante, experimente alguma destas idéias:

Varie o trajeto Se você está chateado, seu cão também deve estar. Lembre-se de que ele vai adotar o seu estado de espírito. Se você mora perto de um parque ou uma reserva natural, pegue o carro, leve-o até lá e faça de um passeio semanal com o cão um programa especial para toda a família.

Visite lojas e amigos Aproveite o passeio para fazer compras ou uma visita ao banco. Se você tiver amigos que possuem cães, combine encontrá-los e caminhem juntos, para que os cães possam brincar.

Faça exercícios Correr com seu cão vai manter vocês dois em boa forma e ele vai gostar. Pedalar enquanto o cão trota ao seu lado também pode ser divertido.

Jogue *frisbee* Visite o parque e veja até onde você pode atirar o *frisbee* e seu cão apanhá-lo antes que caia no chão.

Explore novos lugares Pode ser uma rua por onde você nunca andou ou um novo trajeto junto ao rio.

Faça novos amigos Você logo irá conhecer pessoas e cães se caminhar regularmente. Os cães ajudam a quebrar o gelo para que surjam novas amizades.

Seja didático O treinamento de *agility* e obediência significa exercício para você e treinamento para seu animal.

Meios de aprendizado

Se você tem um um filhote ou adotou um cão abandonado, é importante habituá-lo a várias situações diferentes, pois cada uma oferece uma lição.

Parque Aprende a socializar com outros animais e crianças curiosas.

Campo Aprende a não correr atrás de gado e animais silvestres nem assustá-los.

Cidade Aprende a lidar com ruas movimentadas e ruídos.

Casa de amigos e parentes Aprende a relaxar com outras pessoas e seus animais.

Margem de rio Descobre a areia e a água e o prazer de escavar.

Portões de escola Aprende a ser paciente enquanto recebe atenção de crianças, e a cumprimentar outros membros da "matilha".

Passeio feliz: você pode...
- Levar petiscos e brinquedos para quebrar a rotina.
- Pedir a diferentes membros da família para passear com o cachorro, para que ele crie laços afetivos com todos.
- Passear em todo tipo de condição climática (veja pág. 99), para que ele não se assuste com vento ou granizo.
- Fazer caminhadas mais longas se o cão for jovem ou de uma raça muito ativa como o border collie, para que ele gaste energia.
- Ser um dono responsável e levar consigo uma pá ou saquinhos para recolher cocô.

... e não pode
- Atirar paus ou pedras para seu cão apanhar. Os paus podem rachar e ferir a garganta dele, e engolir pedras pode causar bloqueios que muitas vezes têm de ser removidos cirurgicamente.
- Correr atrás do cão se ele fugir – ele vai achar que é um ótimo jogo e vai adorar tanta atenção. Trabalhe o comando de chamada. Elogie-o quando ele voltar e lhe dê um brinquedo ou um petisco para que perceba que voltar para você é recompensador.
- Reprimir o cão por farejar o chão. É uma reação natural diante de um novo território.

Agility

Agility é um esporte fantástico para cães e donos de todas as idades, sendo um dos esportes que mais crescem no mundo. Usando comandos verbais e sinais, os treinadores ensinam os cães a superar diversos obstáculos como túneis, cordas e rampas.

Se você já fez um trabalho básico de obediência com seu cão (veja Capítulo 5), pode iniciar o treinamento de *agility*.

Qualquer cão pode fazer?

Qualquer cachorro – mestiço, vira-lata ou de raça – pode participar desde que tenha um ano de idade e boa saúde. Antes de começar o treinamento de *agility*, converse com o veterinário para saber se o cão está fisicamente habilitado, pois o esporte envolve corridas em velocidade, salto sobre barreiras, equilíbrio e superação de vários obstáculos.

Existem aulas básicas para cães de todos os portes, incluindo os miniaturas (menos de 38 cm de altura na cernelha). Também há aulas para jovens treinadores, participantes idosos e deficientes.

Começando as aulas

A *agility* é bastante popular, e você pode perguntar aos treinadores profissionais onde encontrar mais informações sobre esse esporte excitante.

Assista primeiro a algumas sessões para conhecer melhor o esporte e decidir se quer experimentar. Entrar num curso lhe dará a oportunidade de usar equipamento adequado e receber instruções, e é uma ótima maneira de você e seu cachorro fazerem contato com outros cães e seus donos.

Os obstáculos
Você deverá ver:
- Barreiras para saltar.
- Pneus e aros para atravessar com um salto.
- Salto a distância.
- Túneis abertos e fechados.
- Rampa A.
- Gangorra.
- *Slalom* (postes de ziguezague).

Alguns obstáculos têm partes coloridas pintadas, que seu cão deve tocar enquanto passa por eles.

Melhor tempo
Na competição, os cães vão enfrentar um percurso com até 20 obstáculos. Cada volta é cronometrada, e o vencedor é o que fizer a volta mais rápida sem cometer faltas. Há penalidades para faltas como contornar ou derrubar um obstáculo ou não tocar nas áreas de contato. No entanto, nem sempre o vencedor é o cão mais rápido; muitas vezes, numa volta sem faltas, supera um cão mais veloz e menos preciso.

PESQUISA
Estudos mostram que é a velocidade do animal e a força com que ele se choca contra um obstáculo o que provoca mais ferimentos em *agility*, mais que a altura de um salto. Embora seja divertido ver o cachorro correr o mais rápido possível, não deixe que ele seja tão veloz a ponto de se machucar.

Dica do cão feliz
Mesmo que seu cão não freqüente aulas de *agility*, você pode se divertir montando uma minipista de obstáculos para ele e você tentarem alguns truques.

Do que você precisa?
- Calçados confortáveis e antiderrapantes.
- Uma pochete cheia de petiscos para usar como recompensa.
- Roupas não muito largas, para que seu cão possa ver claramente seus sinais de mão. Boné ou viseira para evitar o sol nos olhos e ter boa visibilidade da pista toda.
- Alguns treinadores usam uma coleira peitoral para ajudar o cão a se equilibrar nos obstáculos de contato.

"Nem sempre o cão mais rápido é o que vence."

Flyball

Se seu cão tem muita energia, gosta de correr e sabe buscar e trazer objetos, ele vai adorar *flyball*. Esse emocionante esporte consiste em uma corrida de revezamento de duas equipes de quatro cães com seus donos. É rápida, animada e muito divertida para todos os envolvidos, incluindo os espectadores.

PESQUISA
Estudos mostram que exercícios durante o período de incubação de uma infecção podem prejudicar o restabelecimento; por isso, se seu cão está doente ou se recuperando de uma doença, não o obrigue a participar de atividades exaustivas como o treinamento de *agility* (veja págs. 104-105).

O *flyball* começou na década de 1970 e hoje é praticado em países do mundo todo, incluindo Estados Unidos, Canadá, Japão, Austrália, Reino Unido e muitas partes da Europa. Experimente!

O que é?
Cada cão da equipe faz uma corrida curta, saltando quatro obstáculos em forma de caixa. No fim do percurso, ele aciona uma caixa que libera uma bola de tênis: ele tem de pegá-la e correr de volta à linha de partida com a bola na boca. Assim que o primeiro cão voltar, o segundo sai. O time vencedor é o que primeiro recuperar as quatro bolas sem errar. As faltas mais comuns são deixar a bola cair e errar ou contornar um dos obstáculos.

Qualquer cão pode participar?
Cães de qualquer raça e tamanho podem participar, pois é o cão mais baixo do time que determina a altura dos obstáculos. Os cães devem ter pelo menos um ano, de preferência um ano e meio, para competir em torneios.

Eles devem estar em boa forma, pois é um exercício vigoroso; mas uma excelente maneira de eles queimarem muita energia e muito útil para cães entediados, que poderiam desenvolver padrões de comportamento destrutivos.

Dois é bom
Além de times de quatro cães, escolhidos entre uma equipe de seis (dois são reservas), há alguns eventos divertidos para duplas e iniciantes. Existem várias categorias:
Open Dois cães quaisquer.
Mixed Dois cães de raças diferentes, incluindo mestiços e vira-latas.
Minimáxi Um cão *standard* e um pequeno.
Iniciantes Cães jovens (12 meses ou mais) e cães inexperientes. Podem ocorrer situações hilariantes entre os cães aprendizes. Uma dona contou que seu cão pegou a bola e correu para nadar num lago próximo, antes de voltar e terminar a corrida.

Pontuação
Os cães que competem em torneios afiliados a associações de *flyball* reconhecidas ganham pontos, que se acumulam e podem dar ao cão certificados, medalhas e prêmios.

Como começar
Os clubes de raças ou a internet são bons lugares para procurar um clube de *flyball*. Assista a alguns eventos e converse com entusiastas antes de decidir se o esporte é adequado para você e seu cachorro.

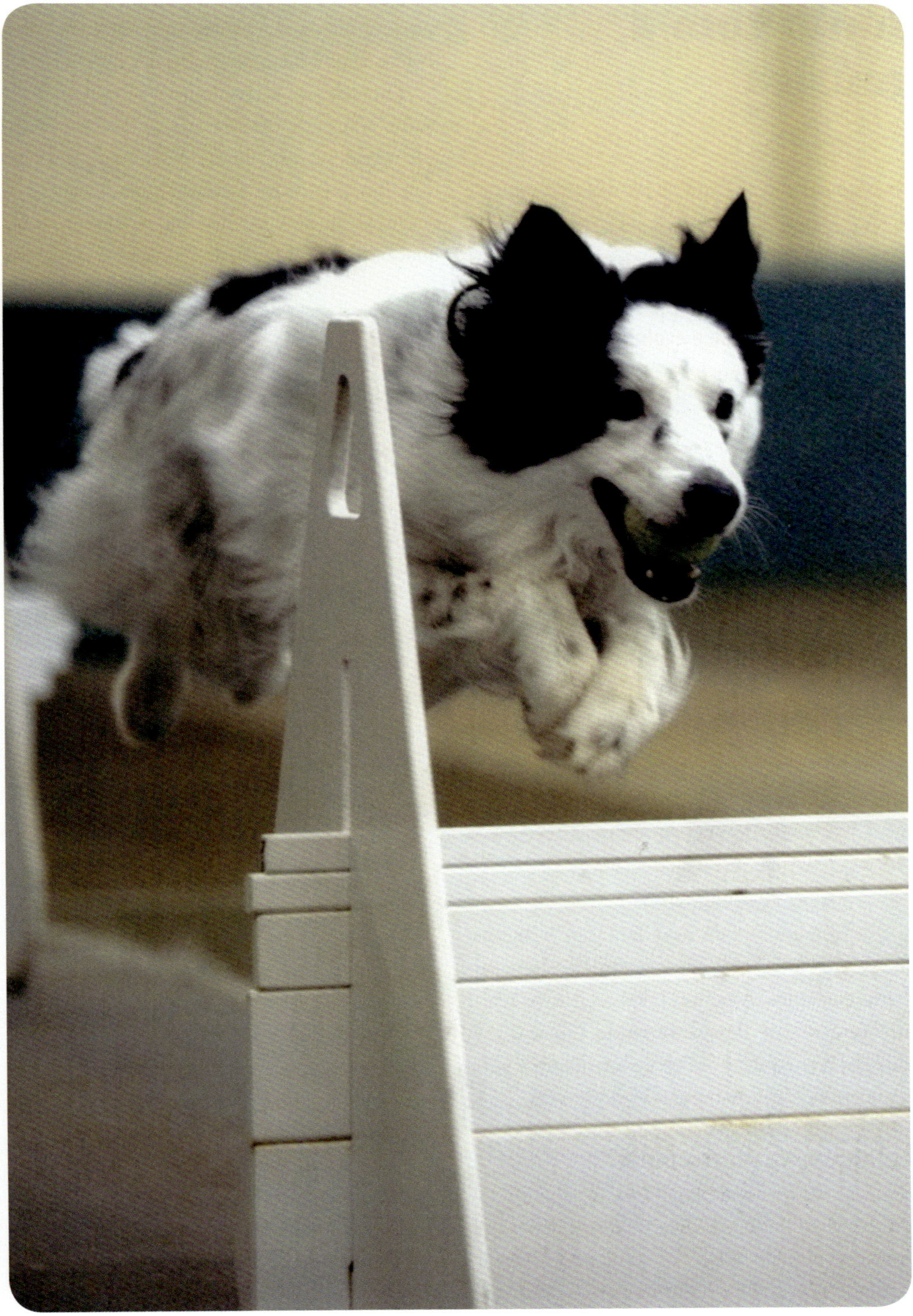

Junto com a música

Se você é criativo, gosta de música e de dançar, talvez queira tentar o esporte relativamente novo de *heelwork to music*, ou dançar com seu cão. É um esporte que se tornou muito popular em todo o mundo e evoluiu para diferentes versões como o *freestyle*.

tem levando os cães para se apresentar em asilos de idosos ou orfanatos (veja págs. 110-111).

Entusiasmo e confiança são elementos muito mais importantes da apresentação do que o grau de dificuldade. Você pode tornar o trabalho tão vivaz ou elegante quanto quiser, e desenvolver movimentos especialmente adequados às habilidades de seu cão.

O treinador pode usar fantasias e alguns acessórios úteis, e os cães às vezes vestem coleiras elegantes. A maioria dos cachorros realmente gosta de dançar ouvindo música, e é divertido encontrar um estilo adequado à personalidade e à movimentação do seu cão.

Qualquer cachorro pode?
Sim, cães de qualquer tamanho e raça ou mestiços em geral podem se divertir com a dança canina. Se você não quiser competir, pode divertir sua família e amigos. Algumas pessoas se diver-

Dica do cão feliz
Independentemente de querer treinar seu cão no dois-pra-lá-dois-pra-cá, você pode colocar uma música, começar a dançar na sala e convidar o cachorro a acompanhá-lo – ele vai achar muito divertido. Marchas militares são um ótimo ritmo para os iniciantes.

Qual o treinamento necessário?

Seu cão precisa ter o treinamento básico de obediência. Ele deve ser capaz de:
- Caminhar junto, sem guia e sem se distrair com luzes, música e outros cães.
- Sentar.
- Ficar.
- Deitar.
- Atender ao chamado.

Os movimentos certos

O *freestyle* (em que os cães não precisam ficar o tempo todo na posição "junto") é muito popular, pois permite maior criatividade. Os movimentos divertidos incluem:
- Andar nas patas traseiras.
- Andar de rastro.
- Saltar no meio de arcos ou sobre um braço estendido.
- Ziguezaguear entre as pernas do dono.
- Rolar.
- Cumprimentar – o cão se ergue e bate a pata na palma da mão do dono.
- Fingir-se de morto.
- Andar para trás ao redor do treinador.

Para começar

Pesquise na internet, que é uma excelente fonte de informações sobre organizações nacionais e internacionais, ou nos clubes de raças para saber onde encontrar esse tipo de aula. Também há livros e vídeos para ajudá-lo a começar.

Do que vou precisar?

- Tocador de CD portátil.
- Sapatos confortáveis com sola de borracha.
- A maioria dos treinadores usa calças, pois elas facilitam nos movimentos mais complexos, como ziguezague entre as pernas.
- Senso de humor.

Competições

Existem competições para todas as habilidades, de iniciantes a avançados. As apresentações são julgadas por grau de dificuldade técnica, a disposição do cão de trabalhar, o entrosamento entre cão e condutor e a interpretação da música. Alguns condutores experientes conseguem competir com até seis cães, e o espetáculo pode durar vários minutos.

Ao seu dispor

Outra maneira divertida de exercitar seu cachorro e lhe dar estímulos físicos e mentais é incentivá-lo a fazer um pouco de serviço comunitário. Se ele gosta de ser afagado por estranhos, você pode aproveitar sua boa índole e dedicar algumas horas à comunidade.

As pessoas que vivem em lares para idosos geralmente adoram receber a visita de um amigo canino, e os cachorros sempre quebram o gelo imediatamente, de modo que ninguém fica procurando palavras. Você pode proporcionar um momento muito especial a alguém simplesmente visitando-o com seu cão.

Qualquer cachorro pode?
Para esse trabalho, o temperamento é muito mais importante que a raça. Um bom cão de terapia deve ser:
- Sociável.
- Amistoso.
- Educado (não se insinua para pessoas que não o convidaram a se aproximar).
- Obediente.
- Disposto a interagir.

Cães de terapia
É muito importante que os cães certos sejam usados em terapia. Os potenciais cães de terapia passam por uma avaliação de temperamento e comportamento. Eles também devem estar com o mesmo dono há certo tempo, para que exista uma boa ligação entre eles, e geralmente pedem-se referências.

Depois que um cão passa em todos os testes, em geral ganha um casaco e uma guia especiais, e um coordenador da área vai arranjar colocações para ele. Apenas uma hora por semana, regularmente, pode fazer uma grande diferença.

Onde eles podem ajudar
Os cães de serviço comunitário visitam habitualmente:
- Hospitais.
- Lares de idosos.
- Orfanatos.
- Escolas.
- Presídios.
- Grupos de jovens.
- Clínicas de doentes mentais.

Meu cão vai ficar feliz?

Com certeza, mas só se ele gostar de ir a lugares diferentes e conhecer pessoas. Esse tipo de cachorro vai gostar da alegria e da atenção, e considerar a experiência tão positiva que vai adorar repeti-la todas as semanas. Como proprietário, você terá a satisfação de ver o cachorro que o faz tão feliz exercer sua magia sobre todo mundo.

Se seu cão tende a ficar ansioso ou temeroso entre estranhos, não o force a fazer esse trabalho, pois será estressante e exaustivo para ele.

Para começar

Contate uma das organizações especializadas em terapia animal para mais informações e detalhes sobre como funcionam.

PESQUISA

Estudos mostram que os cães podem fazer bem à saúde das pessoas. Afagar um cão ou mesmo estar na mesma sala que ele pode reduzir a pressão sanguínea, acelerar a recuperação de doenças e trazer uma sensação de calma. Os pesquisadores também descobriram que os cães usados como animais de estimação em grupos de terapia podem ajudar a aliviar os sintomas de problemas de saúde como esquizofrenia. O amor incondicional e sem julgamentos dos cachorros ajuda as pessoas a se conectar com eles e a expressar sentimentos que de outro modo talvez não identificassem. É oficial: os cães tornam as pessoas felizes.

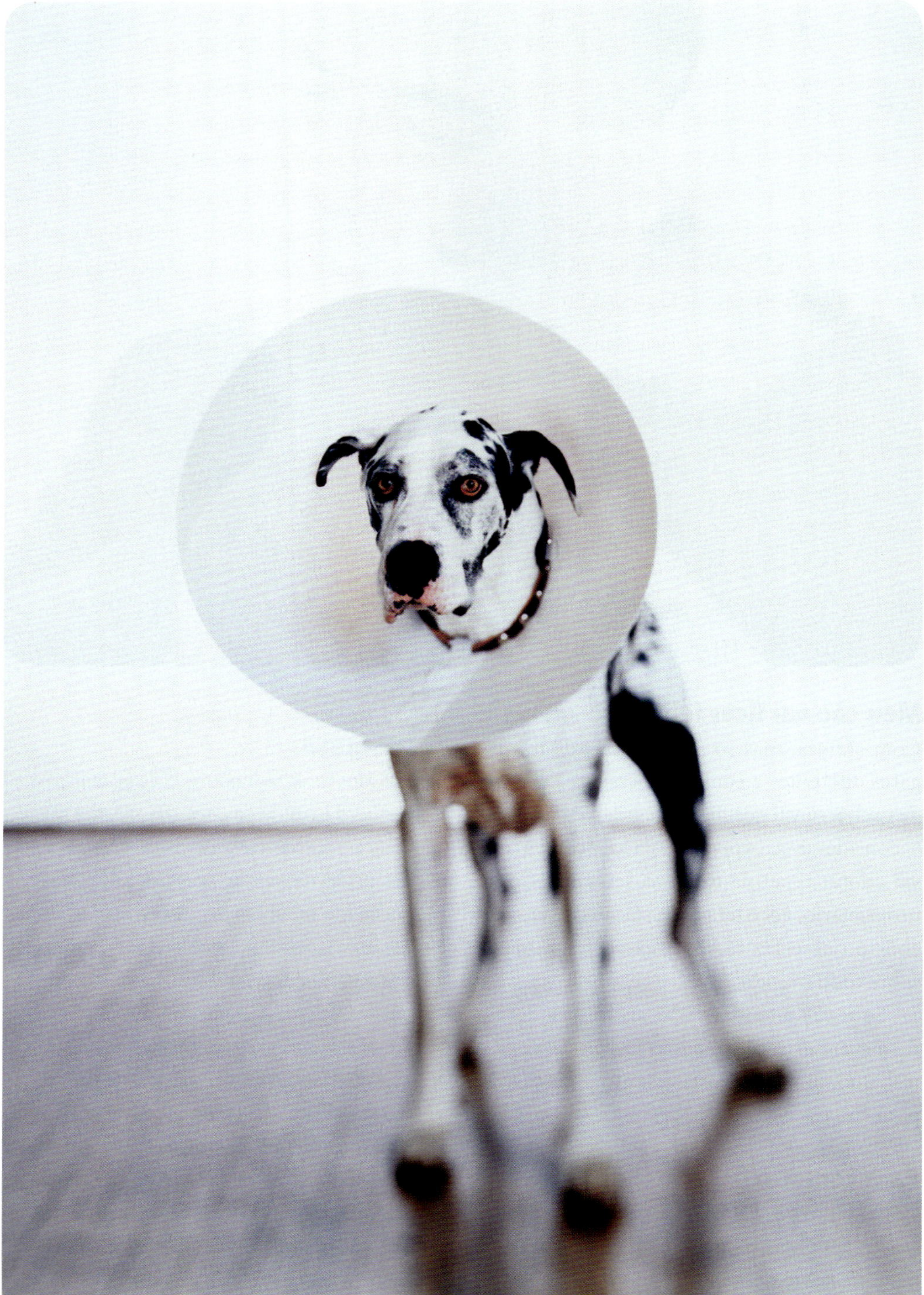

8 Veterinários, animais de estimação e medos

Todos aqueles que amam seus cães querem mantê-los felizes, mas há muitas coisas assustadoras que podem fazer o cachorro parar de abanar o rabo. Não é difícil ajudar seu cão em situações que lhe causam medo. Este capítulo vai lhe mostrar como.

Coisas assustadoras

As situações que podem deixar seu cão infeliz incluem:
- Visita ao veterinário.
- Estranhos, crianças, multidões.
- Outros animais.
- Mudar de casa.
- Viagens.
- Ruídos fortes.

Sinais de estresse

Os sinais óbvios de que seu cão pode estar estressado são:
- Arfar ou babar demais.
- Lamber os lábios.
- Tremer.
- Ficar imóvel, como que congelado.
- Urinar.
- Ganir.
- Latir, rosnar ou morder.
- Deitar-se.
- Girar sobre si mesmo.
- Manter as orelhas baixas.
- Agitar-se.
- Ter comportamento destrutivo, como roer objetos ou arranhar.
- Tentar se esconder atrás de coisas.
- Mostrar o branco dos olhos.
- Abaixar muito a cauda e movimentá-la muito devagar.
- Deixar de comer.

Como ajudá-lo

Tente entender o que está perturbando seu cachorro e trate a causa do problema, não os sintomas. Em curto prazo, distraia-o com um petisco, um brinquedo ou frases tranqüilizadoras. Dê um passeio curto com ele e depois encoraje-o a tirar um cochilo. A falta de sono é tão debilitante para os cães quanto para os seres humanos e pode causar muito estresse.

Encontre um veterinário simpático

Há certas coisas na vida que são menos agradáveis que outras, e para um cão a visita ao veterinário é provavelmente uma das mais aborrecidas. Infelizmente para ele, a consulta ao veterinário é um fato da vida que não pode ser evitado, e é importante que não se torne uma situação estressante.

Você não quer que cada ida ao veterinário deixe você e seu cão ansiosos e exaustos. Como, então, tornar essa experiência agradável para ele?

Matricule-o nas aulas

Se você tem um filhote e sua clínica veterinária dá aulas de socialização para cães, é uma boa idéia matriculá-lo. Esses cursos são uma excelente oportunidade de começar a criar associações positivas com os funcionários e com a própria clínica, pois envolvem bricadeiras divertidas, atenção e geralmente muitos petiscos e brinquedos.

Algumas clínicas oferecem *spa*s para cães adolescentes ou mesmo idosos, nos quais eles fazem um *check-up*. São boas oportunidades para ajudar seu cão a superar o nervosismo.

"Não recompense o comportamento nervoso com mais atenção."

Fobia a veterinários

Se seu cão tiver esse problema:

- Peça a outros donos de cães para recomendar um veterinário especialmente paciente com cães ansiosos.
- Visite a clínica e converse com os funcionários para receber conselhos.
- Se eles não lhe derem importância, procure outra clínica.
- Pergunte se há um sistema de hora marcada, para que seu cão possa ser atendido em horários em que a clínica esteja menos movimentada.
- Leve-o à clínica com freqüência, mesmo quando ele não tiver consulta. Comece levando-o lá para caminhar pelo estacionamento, se houver. Pergunte aos funcionários se você pode entrar e sente-se na sala de espera durante alguns minutos. Se possível, peça a um veterinário que dê ao seu cão um petisco muito apreciado por ele (que você levou) e que o afague. Seu objetivo é afastar o medo da situação, para que o cão comece a associar a clínica a experiências positivas.
- Sempre que forem à clínica, leve alguns petiscos e um brinquedo, para que possa dar ao seu cachorro muita atenção na sala de espera e distraí-lo.
- Fique calmo e não recompense o comportamento nervoso do cão com mais atenção. Aja normalmente e fale com ele em voz baixa, tranqüilizadora e feliz.

Se o cão fica aterrorizado quando vai ao veterinário e você acha que não consegue ajudar, peça mais conselhos ao veterinário. Ele poderá recomendar um sedativo leve para relaxá-lo antes da consulta.

PESQUISA

Novas pesquisas poderão trazer grandes mudanças no tratamento de problemas de medo e estresse. Cientistas descobriram risadas diferentes entre ratos, chimpanzés e cães. Embora a risada de um cachorro não seja facilmente audível por humanos (para o ouvido leigo parece uma respiração arfante), os cães que escutam sua própria risada logo ficam de bom humor. Em um estudo, quando o som de uma risada canina era reproduzido num canil, o humor dos cães imediatamente melhorava e eles começavam a brincar.

Dica do cão feliz

Algumas clínicas veterinárias usam difusores de feromônio apaziguador de cães (DAP) para ajudar cães nervosos a se acalmar. Os feromônios sinalizam ao cão que ele está em segurança. Se seu cachorro ficar muito estressado, pergunte ao veterinário se pode utilizar o DAP.

Famílias felizes

Se você ama animais e já tem cães e outros bichos, provavelmente sonha em juntar todos eles em uma família grande e feliz. Pode ser muito perturbador quando as coisas não seguem conforme o planejado e seu novo cão tem medo dos outros animais ou é agressivo com eles.

O segredo para que todos se dêem bem uns com os outros é lhes dar bastante tempo nas fases iniciais de apresentação.

Dica do cão feliz
Peça que todos na família continuem fazendo tanta festa para o cão "antigo" quanto sempre fizeram, para que ele não se sinta ameaçado ou inseguro. Mantenha sua alimentação normal e a rotina de exercícios.

Prazer em conhecê-lo

Se o cão antigo e o novo são castrados e foram bem socializados, você deverá ter poucos problemas quando eles se conhecerem. Introduzir um macho ou uma fêmea não-castrados em uma casa aumenta o risco de agressão, demarcação de território e outros comportamentos anti-sociais.

Se o cão antigo viveu sozinho com você por vários anos e teve pouco contato com outros cães, é pedir demais que ele aceite um forasteiro. O estresse causado pela situação poderá ser enorme, e ele ficará muito infeliz. Talvez seja melhor adiar sua decisão de arranjar outro cachorro, pois não vale a pena causar tristeza ao que você já tem.

Amor de filhote

Você pode introduzir a idéia de um novo cão em sua casa antes mesmo de ele chegar. Simplesmente leve uma toalha ou cobertor ao criador e esfregue-o sobre o filhote, depois leve-o para casa e coloque em um lugar onde seu cão o encontre e cheire. Mas não o coloque na cama dele, pois isso pode perturbá-lo.

De modo semelhante, você pode esfregar uma toalha em seu cão antigo e levá-la até o novo para que ele se habitue ao odor.

Recém-chegados

- Prepare tudo para apresentar os cachorros fora de casa, em território neutro. Peça a alguém que o cão não considere parte da matilha para trazer o outro.
- Mantenha os dois animais na guia enquanto deixa que eles se conheçam, cumprimentem e cheirem.
- Interaja com os dois cães em voz baixa, tentando não fazer agrados demais a nenhum dos dois.
- Recompense o comportamento tranqüilo com elogios e atenção, e saia para um passeio com os dois.
- Mantenha-os nas guias, mas tente intervir o mínimo possível no comportamento deles.
- Nunca os deixe sozinhos até que estejam bem entrosados.

- Quando entrar em casa, se você tiver um canil ou cercado, coloque o novo cão dentro dele, especialmente se eles ficarem sozinhos quando você for dormir. Isso dará ao cachorro que está fora do canil a oportunidade de olhar, cheirar e se habituar ao recém-chegado. Depois de algum tempo inverta os lugares para que o novo tenha a chance de explorar.
- Na hora das refeições, alimente primeiro o cão mais antigo, para que ele mantenha a posição de líder.

Conheça o gato

Siga os mesmos princípios quando o novo cão for apresentado ao seu gato. Sempre o mantenha na guia e use uma gaiola até que ambos percebam que podem cheirar e ver o outro com segurança e sem medo de serem atacados.

Buuum!

Muitos cães se assustam com ruídos fortes de fogos de artifício ou trovoadas. Eles ficam muito estressados e se escondem, fogem em disparada ou correm para seus donos, e às vezes arfam, ganem e exibem outros sintomas de grande nervosismo e ansiedade.

É muito perturbador para o dono ver seu cão tão infeliz, e muitos se sentem frustrados por não poderem fazer nada para reconfortá-lo. Mas os veterinários têm trabalhado muito nesse problema e tiveram algumas idéias inovadoras para solucioná-lo.

Exame de audição

Até um cão normalmente confiante pode ficar transtornado diante do barulho dos fogos de artifício ou de um trovão. Se esse for o caso do seu cachorro, comece pedindo ao veterinário que verifique os ouvidos dele. É importante saber se ele tem audição sensível ou alguma deficiência.

Se o cão tiver audição normal, há várias soluções que você pode tentar para voltar a vê-lo feliz, abanando o rabo.

CDs de ruídos

Hoje existem CDs específicos para animais que se assustam com fogos de artifício ou trovões. Toque o CD bem baixo no início, enquanto o cão estiver fazendo algo agradável como comer ou brincar com você. Ao longo de várias semanas, aumente aos poucos o volume para que ele se habitue ao ruído do trovão ou dos fogos e comece a criar associações agradáveis com ele (como comida e brinquedos).

Lembre-se, porém, de que os CDs de som só podem ajudar o cão a se habituar, e não imitam as mudanças na pressão do ar, relâmpagos e odores que acompanham uma verdadeira tempestade ou exibição de fogos.

DAPs

O difusor de feromônios apaziguador de cães (DAP na sigla em inglês – veja pág. 34) pode ajudar a relaxar o cão. O problema é que nem sempre você pode prever quando vai começar uma tempestade ou queima de fogos. Mas, se você souber, feche as cortinas de uma sala ou quarto, coloque música de fundo para preencher o silêncio entre os estouros e ative o difusor. Então, o que é o mais importante, tente ignorar o cão.

Estou assustado!

É uma reação natural querer tranqüilizar o cão quando ele está com medo, mas você pode piorar a situação se o cachorro pensar que você o está elogiando por mostrar sinais de nervosismo. Afinal, quando você gosta do que ele está fazendo, diz que é um bom menino, fala com ele num tom de voz especial, o afaga e abraça, o cão não sabe diferenciar os elogios por bom comportamento dos afagos por ele estar nervoso. Se ele quiser se esconder embaixo da sua cadeira durante uma tempestade, ignore-o e deixe que faça isso. Só dê atenção a ele quando se comportar bem. Assim você o tornará muito mais feliz no final.

PESQUISA

Estudos demonstram que o uso de DAPs e CDs ao mesmo tempo parece ser a maneira mais eficaz de abordar o medo de ruídos fortes. Os donos que usaram os dois notaram que os cães pareciam procurá-los menos, ficaram menos vigilantes e irrequietos e salivaram menos. O uso de tranqüilizantes não foi uma solução eficaz para o problema no longo prazo.

Porto seguro

Os cães ficam mais felizes quando têm uma rotina de vida, mas infelizmente há épocas em que somos obrigados a perturbar sua tranqüilidade cotidiana. Festas ou comemorações familiares, obras em casa e mudança da decoração podem infernizar a vida de um cão.

> **Dica do cão feliz**
> Explique às crianças de sua família que o cercado do cão é a casa dele, e não um local para elas brincarem. Esse lugar deve ser um santuário só para o cachorro.

Se você fez o possível para socializar seu cão adequadamente desde que ele era filhote, não deverá ter muitos problemas. Mas se você não tem certeza do histórico do cachorro ou se ele tem uma personalidade naturalmente delicada, o treinamento no cercado pode ajudá-lo a se sentir mais seguro e feliz.

Treinamento no cercado

Ao acostumar o cão a ficar em um cercado dentro de casa você estará lhe dando um abrigo seguro onde ele pode se refugiar e que ele considera um lugar de paz e tranqüilidade. Também é possível treinar um cão mais velho ao cercado, mas poderá levar mais tempo.

- Coloque o cercado em um canto da sala de onde o cachorro possa ver você.
- Deixe o cercado o mais confortável possível, forrando-o com um cobertor,

colocando uma tigela com água e brinquedos.
- Apresente o cercado deixando a porta aberta e jogando lá dentro alguns petiscos ou brinquedos para que o cão entre e explore o espaço.
- Brinque com o cachorro dentro e ao redor do cercado e crie muitas associações positivas com esse «refúgio seguro».
- Você pode colocar um cobertor por cima do cercado para bloquear a luz e incentivá-lo a dormir.
- Quando você finalmente fechar a porta do cercado, não se esqueça de colocar lá dentro muitos brinquedos recheados com petiscos, e só deixe o cão lá dentro por períodos curtos de tempo.
- Se ele começar a ganir ou latir, não abra a porta. Se o fizer, ele aprenderá que esse comportamento significa "sair" e será incentivado a repetir o comportamento, em vez de contê-lo.
- Treine o cachorro a ficar no cercado quando você estiver na sala e quando você sair.
- Sempre lembre que o cercado será o porto seguro do cachorro, e não uma prisão ou lugar para onde você o manda quando ele faz algo de que você não gosta.

Colha os benefícios

Os benefícios do treinamento no cercado são que, quando surge uma situação potencialmente estressante, você pode colocar o cão dentro do cercado e ele ficará seguro e feliz. Não o deixe preso no cercado sem receber atenção por mais de três horas, sem levá-lo para um passeio, para que ele possa se movimentar, brincar e fazer suas necessidades.

A maioria dos cachorros não suja o cercado, o que pode ser muito útil no treinamento doméstico, pois você poderá levá-lo lá fora assim que acordar.

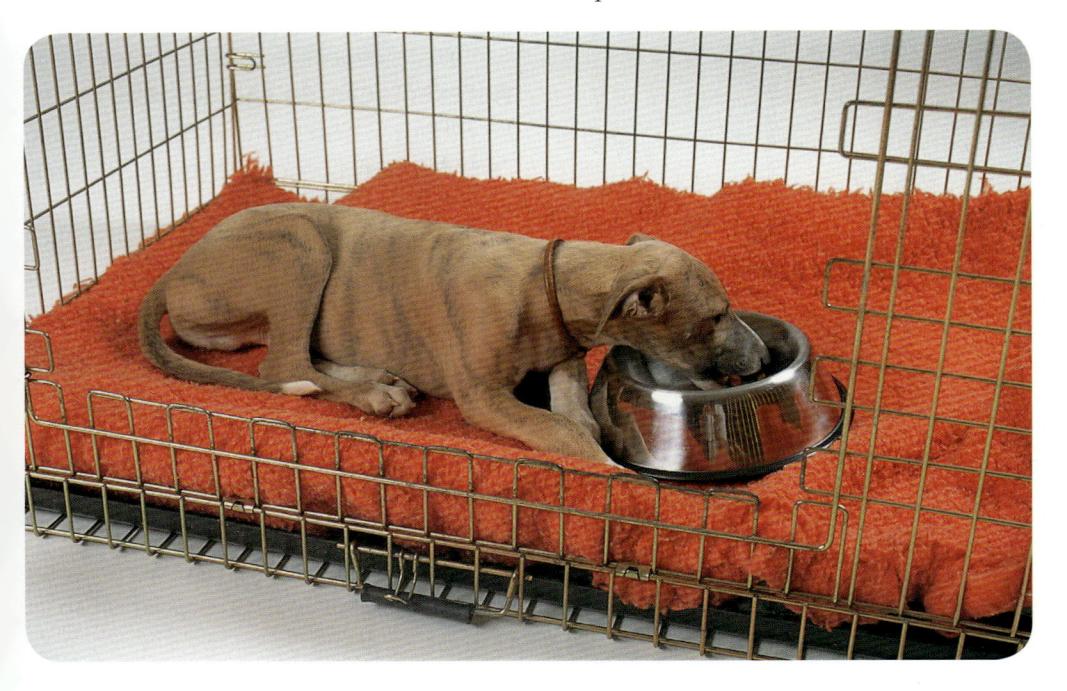

Com ciúme do bebê

Parabéns: vocês acabam de se tornar pais. A trouxinha de alegria que estão levando para casa transformou as suas vidas. Mas como os outros membros da família vão receber o recém-chegado?

Enquanto você estiver absorvido por seu bebê, o cachorro poderá se sentir enciumado e se ressentir da atenção que você dá ao novo membro da "matilha" familiar. Ajudar seu cão a se adaptar a essa mudança é vital para manter a família feliz.

Naturalmente, o bebê vai exigir a maior parte de seu tempo e afeto. No entanto, mais cedo ou mais tarde você deverá garantir que o cão aceite sua nova posição no grupo familiar, o que pode ser feito tranqüilamente seguindo estas sugestões:

Treinamento pré-natal

Crie uma rotina para passear, alimentar e brincar com seu cachorro. É importante não modificar a rotina depois do nascimento.

Verifique se o cão está em dia com vacinas e vermífugos. Você não vai ter muito tempo para essas coisas quando o bebê chegar.

Providencie um cercado dentro de casa para que o cão tenha um refúgio especial se houver muito barulho e transtornos.

Apresentação do cão ao bebê

Se o cão for bem treinado, dê o comando "senta" e "fica". Leve o bebê até ele e encoraje o cão a farejar o carrinho. Os cães são curiosos, certamente ele vai querer cheirar o bebê. Aprove seu comportamento, mas não deixe que ele se aproxime demais. Repita algumas vezes essa sessão até que ele perca a curiosidade. É bom que haja outra pessoa junto que possa levar o cão embora se ele reagir de modo negativo.

Recompense o comportamento calmo do cachorro com elogios, petiscos ou brinquedos, mas não ralhe com ele caso se comporte mal – ele não deve associar o bebê a castigos.

Adaptação à vida familiar

Depois que você trouxer o bebê para casa, é importante manter a rotina do cão e elogiar seu bom comportamento em relação à criança.

Não deixe o cão sozinho com o bebê. É uma boa idéia colocar uma porta de tela na porta do quarto do bebê, pois permite que o cão ouça e cheire a criança sem se aproximar demais.

Tente levar o cachorro em todas as saídas da família. Logo ele vai aceitar que o bebê se tornou parte de sua rotina diária.

Quem é o forasteiro?

Seu cachorro vai usar principalmente o focinho para investigar o recém-chegado.

"Este cheiro é novo."

"Há um novo animal no meu território?"

Ele verá você afagando o bebê.

"O líder está segurando a nova criatura."

"Deve ser um novo membro da matilha."

Com elogios pelo bom comportamento, ele aceitará o novo membro da família sem ciúme.

"Bem-vindo à matilha!"

"Há um novo animal no meu território?"

PESQUISA

Estudos mostram que raças de cães como king charles spaniel e pequinês levam três vezes mais tempo para se adaptar a mudanças no ambiente familiar do que cães de trabalho pastores, como collies e pastores alemães. Os cães de companhia costumam ser criados como tal, o que os torna muito fiéis a seus donos. Mas até os toys podem se adaptar ao novo bebê, e alguns tornam-se bons protetores.

O encontro do bebê com o cachorro

À medida que o bebê cresce, torna-se mais curioso, e o cão é uma estranha e maravilhosa criatura que merece ser pesquisada. O bebê vai querer segurar o rabo do cachorro, puxar seu pêlo e apertar aquele nariz molhado. Um cão bem treinado aceitará essas manifestações efusivas e até ficará satisfeito com a atenção. Você deve encorajar a relação, desde que mantenha uma supervisão cuidadosa. Se o cão ficar muito excitado, vai assustar o bebê e, por outro lado, um dedo do bebê dentro do olho do cão vai assustar o animal.

Mudança feliz

Poucas coisas são mais estressantes do que mudar-se para uma nova casa, e um cão sensível poderá achar essa experiência extremamente dura. Afinal, você o está tirando de um lugar com o qual ele tem muitas associações felizes, e ele achará difícil compreender por que não deve voltar para lá.

Para suavizar a situação, há várias medidas sensatas que você pode tomar antes, durante e depois da mudança.

Mudança de endereço

- Arranje novas placas de identificação para o cão, gravadas com detalhes sobre o novo endereço ou número de telefone. Troque-as assim que chegar à casa nova.
- Se seu cão tiver *microchip*, informe sobre a mudança à empresa que mantém o banco de dados.
- Peça à sua clínica veterinária para atualizar os registros com os novos dados.

Fazendo as malas

Alguns cães ficam perturbados ao assistir aos preparativos da mudança. Você pode pedir a um conhecido bem familiarizado com seu cão que o leve para dar um longo passeio enquanto você estiver embalando, ou você pode deixar o cachorro mais seguro colocando-o em um quarto silencioso ou em seu cercado. A cozinha costuma ser um bom lugar, porque em geral é o último a ser esvaziado.

Embale os brinquedos, a cama e as tigelas de comida do cão por último e desembale-os assim que chegar à casa nova. Se possível, evite lavar o cobertor dele por algumas semanas, para que o cão se sinta reconfortado por odores conhecidos. Pode ser interessante usar um difusor de feromônio apaziguador de cães (DAP) (veja pág. 34) antes, durante e depois da mudança para ajudá-lo a relaxar.

Se você for percorrer uma distância considerável, não alimente o cachorro por 12 horas antes da viagem. Se ele costuma enjoar no carro, o veterinário poderá prescrever um remédio.

Coloque o cão na caixa de transporte ou num cinto de segurança para cães (que fica preso ao cinto de segurança) e pare freqüentemente para que ele possa beber água e fazer as necessidades.

A chegada

Quando você chegar à nova casa, prenda o cão num quarto ou coloque-o em seu cercado com o cobertor e alguns brinquedos. Ele terá muito tempo mais tarde para explorar. Se ele ficar solto junto com os homens da mudança, poderá fugir ou se machucar.

Antes de deixar o cão sair, verifique bem que nos muros do jardim e nos portões não haja buracos por onde ele possa escapar.

Desembale a maior quantidade possível de coisas antes de soltar o cachorro, para que ele possa imediatamente ver e cheirar objetos conhecidos. Se o cão estiver nervoso, poderão ocorrer alguns "acidentes" na hora de ele fazer suas necessidades. Não fique bravo com ele, ou vai piorar as coisas. Simplesmente limpe com um eliminador de odores (veja pág. 33) e coloque o cão lá fora com maior freqüência, elogiando-o quando ele fizer as necessidades no lugar certo.

Leve o cachorro para passear pelo novo bairro e apresente-o aos vizinhos.

Dica do cão feliz

Continue alimentando e exercitando seu cachorro nos horários habituais, para que sua rotina seja modificada o mínimo possível. Aja o mais normalmente que puder perto dele, pois o excesso de atenção pode criar problemas, como ansiedade.

Viagens felizes

É ótimo poder incluir o cachorro na sua vida cotidiana, e não há nada mais agradável que um passeio em família ao parque ou à praia. É possível que esse passeio inclua uma longa estrada, por isso é importante que o cão se sinta feliz e descontraído andando de carro.

Alguns cães associam o carro a coisas ruins, como a ida ao veterinário ou a hotéis de cães, por isso criar associações mais agradáveis é uma das melhores maneiras de ajudá-lo a se tornar um viajante feliz. Mantenha o carro bem ventilado quando seu cão viajar com você. Nunca o deixe sozinho no carro, pois ele pode se aquecer rapidamente, o que é potencialmente fatal.

Um borrifo contra o medo

Os cães poder ter reações negativas ao carro por diversos motivos, que vão desde enjôo a medo ou excitação. Uma solução de curto prazo é pedir que o veterinário lhe prescreva um *spray* de feromônio apaziguador de cães (DAP, veja pág. 34), que você pode usar para borrifar o interior do carro antes de começar a viagem.

A caixa de transporte

Alguns cães gostam tanto de andar de carro que latem e pulam durante todo o trajeto. Essa superexcitação pode ser muito perturbadora para o motorista e incômoda para os outros passageiros.

Uma maneira de controlar esse comportamento é usar uma caixa de transporte coberta, pois o fato de ele poder ver a paisagem e mover-se pelo carro aumenta a sua excitação. Se ele não estiver habituado à caixa, comece dando-lhe comida lá dentro e recompensando-o com petiscos sempre que ele entrar. Você pode colocar o cobertor ou a cama dele dentro da caixa, para que se sinta em casa.

A maioria dos cães que viaja em uma caixa coberta costuma se acalmar rapidamente, e você pode aos poucos retirar a cobertura em curtas distâncias, mas recoloque-a se ele voltar a latir.

Medicamentos

Embora a maioria dos casos de enjôo em viagem seja causada por excitação, mais que por uma reação adversa à viagem, sempre é uma experiência muito desagradável para seu cão e para você. Se você vai fazer uma viagem longa que não pode ser evitada, não alimente o cão durante 12 horas antes da partida, mas garanta que ele tenha acesso a água fresca. Se necessário, consulte o veterinário sobre antieméticos para combater o enjôo.

Dicas para uma viagem feliz

- Não se esqueça de dar um tempo para o cão fazer suas necessidades antes de viajar.
- Ele sempre deve viajar protegido, de preferência na caixa de transporte ou no banco traseiro usando o cinto de segurança para cães.
- Prepare-se: leve um pequeno balde plástico com tampa, um estoque de panos, desinfetante próprio para cães e uma grande garrafa de água, para enfrentar qualquer enjôo de viagem ou acidente de percurso.
- Leve comida, água e tigelas no carro. Existem tigelas compactáveis, que são ideais para viagens.
- Coloque um petisco ou brinquedo mastigável na caixa de transporte, para que o cão se distraia durante a viagem.

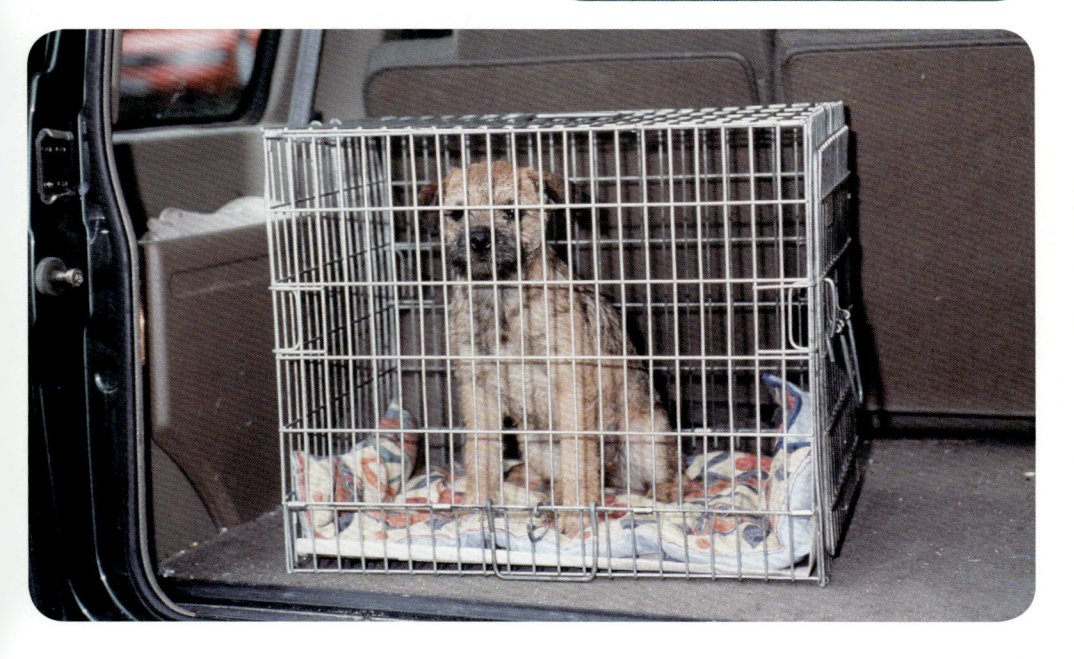

Férias felizes

Se seu cachorro se tornou um integrante da família e vocês não suportam ficar muito tempo longe dele, é natural que queiram levá-lo nas férias. Felizmente, as leis sobre quarentena animal não impedem as viagens para o exterior com eles.

Se pretende viajar para outro país, comece a se organizar logo, pois preparar a papelada e fazer os exames necessários pode demorar.

Todos a bordo!

Cada país que você planeja visitar com seu cão terá exigências de importação ligeiramente diferentes, por isso consulte as autoridades (por exemplo, a embaixada) do país antes de viajar. Alguns países decidiram proibir certas raças de cães ou exigem que elas usem focinheira em locais públicos, por isso é importante verificar se o seu cão está na lista de raças proibidas.

Muitos países exigem um certificado de saúde e/ou licença de importação, além de outros documentos. Alguns países exigem que seu cachorro receba vacina contra a raiva com determinada antecedência antes da chegada (atualmente 30 dias nos Estados Unidos), por isso talvez você precise vaciná-lo antes da época prevista.

Passaporte, por favor

Cães que viajam com os donos para a Europa precisam de um passaporte canino. Para obter um, seu cão vai precisar de:

- *Microchip* (veja pág. 21).
- Vacina anti-rábica. Geralmente uma injeção dá imunidade.
- Exame de sangue. Deve ser feito 3 a 4 semanas depois da vacina anti-rábica, para verificar se ele desenvolveu anticorpos. Se não passar no exame, não pode viajar. Às vezes o exame dá negativo e o cão deve ser revacinado e fazer novo exame para comprovar a existência de anticorpos.

Quando o exame de sangue for positivo, o cão receberá o passaporte. No entanto, ele não poderá viajar imediatamente – por exemplo, há países em que os cães só podem viajar seis meses depois de um exame de sangue bem-sucedido.

Outras exigências

Tratamento contra carrapatos e vermes A maioria dos países europeus exige que o cão receba tratamento feito por um veterinário credenciado 24-48 horas antes da volta para casa.

Viagem aprovada Você deve seguir uma rota determinada, por isso verifique o trajeto antes. No porto ou aeroporto, seu cão será examinado para ver se o *microchip* confere com o passaporte.

Doença Quando viajar ao exterior com seu cão, ele pode ficar exposto a doenças que nunca encontrou. O veterinário pode aconselhá-lo a como evitá-las.

Férias domésticas

A indústria de turismo hoje reconhece que muitas pessoas gostam de passar as férias em seu próprio país com seus cães, e há diversos hotéis e pousadas que aceitam cães. Os melhores lugares logo ficam lotados, especialmente durante a alta temporada, por isso reserve com antecedência para evitar decepções.

A caixa de transporte é a melhor maneira para seu cão viajar em férias com você. Ele pode dormir nela e ficar em segurança lá dentro enquanto você visita amigos ou vai a um restaurante. Você também pode pôr na caixa os brinquedos, o cobertor e a cama dele.

Viagens de um dia

Um dia na praia, incluindo piquenique, é um grande passeio para todos. Na maioria das praias, é proibido levar cães, por isso verifique primeiro se eles são bem-vindos. As agências de turismo e guias de férias podem aconselhá-lo.

Para um passeio até a praia, eis algumas coisas que você deve levar:
- Pazinha ou sacos para recolher cocô.
- Água fresca potável.
- Tigelas.
- Guarda-sol, ou barraca.
- Petiscos.
- Filtro solar canino (se ele tiver nariz cor-de-rosa).
- Toalhas. Se seu cão gosta de nadar, não deixe que ele fique muito tempo na água ou se afaste da margem, pois poderá enfrentar dificuldades. Nadar é muito cansativo e a maré pode puxar o cão para o fundo.

Feliz estada

Algumas vezes você não tem alternativa senão deixar seu cão hospedado em um hotel para cachorros. Você pode achar que ele ficará infeliz enquanto estiver lá, mas se procurar um estabelecimento de renome, limpo e organizado, há grande probabilidade de que ele se divirta – mas, é claro, ele ficará muito feliz ao vê-lo de novo no fim da estada.

Não há nenhuma garantia de que esses hotéis sigam um determinado padrão, por isso faça algumas perguntas antes de reservar a hospedagem. Comece com:

- Recomendação pessoal: pergunte a seus amigos aonde levam seus cães.
- Veja avisos em sua clínica veterinária ou *pet shop*.
- Veja as publicações locais.
- Listas telefônicas.
- Internet.

Pontos a verificar

Depois de fazer uma pequena lista de hotéis para cães, visite cada um deles. Elimine da lista os que não apreciem sua visita e/ou não permitam o acesso a todas as instalações.

Primeiras impressões É limpo e organizado? Há espaços entre os canis para evitar a transmissão de doenças?

Vacinas Evite qualquer hotel que aceite cães sem ver o certificado de vacinas.

Canis Há correntes de ar? Há aquecimento à noite? Parecem limpos?

Exercício Os cães são levados para passear sozinhos ou em grupos? Eles têm acesso a um quintal? Nesse caso, com que freqüência?

Custo Pergunte quanto é a diária. O aquecimento, alimentos especiais ou medicação custam mais?

Doença Qual é a política do hotel se seu cão adoecer enquanto você estiver longe?

Seguro Que cobertura tem o hotel caso seu cão se perca, seja ferido ou, pior, morra enquanto estiver sob os cuidados dele?

Opções diárias
Se não quiser hospedar seu cão em hotéis durante seu horário de trabalho, você pode:
- Pedir a um vizinho que cuide dele.
- Contratar um *pet-sitter* para visitá-lo durante o dia.
- Contratar um funcionário para ficar em casa e cuidar do cachorro.

Hotéis caninos
Existem alguns hotéis caninos que oferecem confortos como poltronas, música, aquecimento central, comida caseira e até acesso com supervisão a piscina aquecida. Esses estabelecimentos custam mais, mas você pode decidir que vale a pena saber que seu cão está sendo muito bem tratado enquanto você está distante.

Creches
Recomenda-se que os cães não sejam deixados sós por mais de quatro horas, ou podem desenvolver problemas comportamentais e psicológicos. Alguns hotéis e *pet shops* aceitam cães num sistema similar às creches infantis: só durante o dia, o que é ideal para donos que trabalham muito e não podem voltar para casa no meio do dia. Você simplesmente deixa o cachorro de manhã e o pega à noite, sabendo que ele recebeu alimentos e fez exercícios.

A hospedagem
Sejam quais forem as instalações de hotel que você escolher, para ajudá-lo a se habituar mais depressa é uma boa idéia levar a cama, a coberta, os brinquedos e os petiscos favoritos do seu cão.

Que tristeza!

Os cães felizes gozam de boas relações com seus donos, tratadores e outros animais da casa. Quando um membro humano da família ou um animal morre, ou mesmo se ausenta por um tempo prolongado, todos experimentam uma sensação de tristeza, inclusive o cão. O que você pode fazer para ajudá-lo a reagir, quando você mesmo está sofrendo?

PESQUISA
Há necessidade de mais pesquisa científica sobre a vida emocional dos animais, mas há certas evidências de que os lobos experimentam reações de luto. Os lobos que perdem um membro da matilha parecem ficar de luto por vários dias, recusando-se a comer e passando o tempo deitados e desanimados.

É claro que às vezes você pode ter a vantagem de saber que a situação não é permanente, como, por exemplo, se o principal tratador do cão for para o hospital ou para a faculdade, mas deverá voltar à casa em algumas semanas; ou se o melhor amigo do seu cão sofrer uma cirurgia, e logo estará de volta são e salvo. Mas seu cão não sabe disso e pode andar pela casa desanimado, à procura do amigo, recusando-se a comer e a brincar, o que pode ser um transtorno.

Sinais de tristeza
- Recusar a comida.
- Perambular e procurar.
- Não conseguir dormir.
- Dormir demais.
- Não ter entusiasmo para brincar.
- Não interagir com outras pessoas ou animais.
- Uivar.
- Ficar tentando chamar a atenção.

Aja normalmente

Por mais que pareça difícil, a melhor maneira de ajudar seu cão a voltar a ser feliz como era é agir normalmente. Mantenha sua rotina o mais regular possível e não o recompense demais pela perda sendo mais atencioso que de hábito. Isto simplesmente irá reforçar e recompensar seus padrões de comportamento depressivo, além de poder complicar a situação, fazendo-o desenvolver uma ansiedade de separação em relação a você.

"Os cães refletem as emoções dos donos."

Como ajudar

- Mantenha a rotina do cão, mas tente prolongar os passeios e procure distraí-lo com novos brinquedos, petiscos e sessões de brincadeiras.
- Continue oferecendo comida, mas se ele não quiser comer, não seja tentado a dar novos sabores e variedades. Simplesmente retire a comida não ingerida e incentive-o a comer na próxima refeição, elogiando-o quando ele o fizer.
- Aceite que seu cão está passando por um processo de luto e deixe-o recuperar-se à sua maneira. Pode levar várias semanas para que o cão feliz reapareça, mas tenha certeza de que um dia isso vai acontecer. Se possível, aja com calma. Os cães são extremamente sensíveis, e suas reações de dor podem espelhar as emoções que eles percebem nos donos. Se você estiver constantemente choroso e triste, seu cão vai perceber e também ficará infeliz.
- Intervenha o mínimo possível enquanto os animais que restam decidem suas novas posições na matilha. Pode haver algumas brigas e "discussões" entre eles até que isso seja resolvido.

Um novo amigo?

Não seja tentado a adotar outro cão ou outro animal para ajudar seu amigo a se sentir melhor. Só faça isso quando você mesmo tiver se recuperado da experiência; do contrário, você não terá a energia física e emocional que um novo animal merece.

Dica do cão feliz

Se você acha que seu cão está muito infeliz ou deprimido depois da perda de um amigo canino, peça conselho ao veterinário.

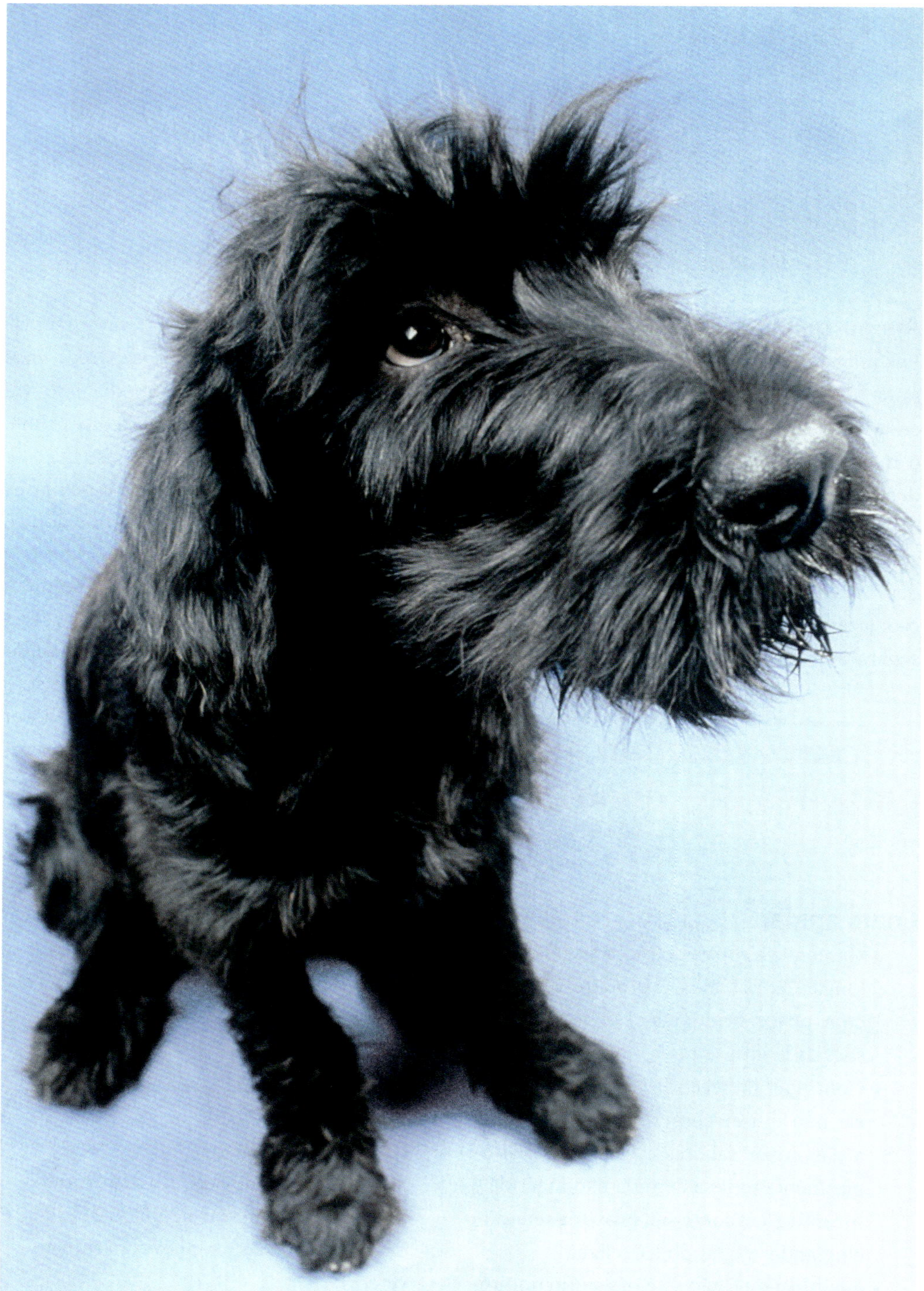

9 Os desafios

De vez em quando surgem situações extraordinárias com seu cão, que você pode aceitar e apreciar ou achar extenuantes. Muitas vezes o modo como enfrentamos os desafios da vida depende do nível de controle que temos da situação.

Às vezes estamos prontos para mudanças e lhes damos as boas-vindas, talvez tomando a decisão de adotar um cão de trabalho aposentado ou um cão abandonado. Outras vezes, nos vemos diante de situações para as quais não nos sentimos preparados, como quando um cão desenvolve subitamente necessidades especiais ou deficiências. Este capítulo dá conselhos detalhados para você enfrentar as mudanças, planejadas ou imprevistas.

Desaparecimento

Um dos maiores desesperos que um dono de cão enfrenta é quando o animal desaparece. Os motivos para isso incluem: ele ter sido roubado, ter fugido, ficado curioso (ele pode decidir entrar na carroceria de um caminhão estacionado, adormecer e ser levado embora), frustrado (cães não-castrados fogem para encontrar uma parceira), ou ter tentado encontrar a casa ou o dono anterior, ter caído ou ficado preso em um lugar de onde não consegue sair.

O que fazer

- Prevenção é sempre o melhor, por isso coloque um *microchip* no cão e mande castrá-lo (veja págs. 21 e 60-61).
- Coloque uma placa em sua coleira indicando que ele tem *microchip*.
- Verifique portões e muros para garantir que ele não tenha por onde sair.
- Tenha sempre fotos recentes para usar em folhetos caso ele desapareça.
- Convoque amigos e parentes para procurar em diferentes áreas.
- Repita as buscas em horas diferentes do dia.
- Alerte os abrigos de cães, a polícia e clínicas veterinárias de que seu cão desapareceu.
- Coloque anúncios em jornais de bairro. Considere oferecer uma recompensa.
- Crie folhetos e distribua o maior número possível deles, enfiando-os debaixo das portas da vizinhança e pregando-os a árvores e postes.
- Peça aos vizinhos que verifiquem recantos de suas casas onde seu cão poderia estar preso.
- Envie um comunicado de imprensa às estações de rádio mais próximas.
- Verifique na internet sites que ajudam donos a encontrar cães perdidos.

A adoção de um cão abandonado

Adotar um cão abandonado pode parecer um gesto muito bondoso e digno, mas você deve tomar cuidado para conseguir o cachorro certo para a sua família – só amor nunca é o bastante. Com tantos cães vadios recolhidos todos os anos, há milhares para escolher, de todas as idades, cores e raças.

PESQUISA
Estudos mostram que 40% dos cães vão parar em abrigos por causa de problemas dos donos. Os motivos incluem a morte do dono, excesso de animais, perda da casa, mudança para o exterior, divórcio, problemas mentais e assim por diante. Os outros 60% têm algum tipo de problema de comportamento que seus donos não conseguiram resolver. Felizmente, a maioria dos cães com problemas de comportamento pode ser treinada novamente e readaptada com facilidade. Uma pequena minoria tem problemas sérios e, portanto, só pode ser encaminhada a donos experientes.

Os cães de abrigos já experimentaram muitas situações estressantes, e embora você possa achar que tudo de que eles precisam é amor para serem felizes e bem ajustados, só o amor nunca é suficiente. Fale com os funcionários do abrigo para discutir o que você pode oferecer em termos de casa, ambiente, tempo e família, e peça-lhes que lhe mostrem cães que combinem com a sua realidade.

Tem certeza?
Antes de considerar seriamente a adoção de um cachorro abandonado, converse com sua família para ter certeza de que todos aprovam a idéia. Se um membro da família não estiver totalmente convencido, não vá em frente.

Você tem uma boa experiência com cães? Se ela é limitada ou se você nunca teve um cão, um animal abandonado com uma história incerta talvez não seja a melhor opção. Espere até que possa treinar, conduzir e enfrentar com segurança vários tipos diferentes de cães.

Prepare-se para divulgar informações pessoais para os abrigos. Muitos pedirão que preencha um extenso formulário e aceite visitas em casa para avaliar a adaptação do animal.

A escolha do cão abandonado
Quanto mais informação você tiver, mais fácil será decidir se você pode dar uma vida feliz a um determinado cão. Se os únicos detalhes disponíveis são onde ele foi recolhido, se foi castrado e em que condição se encontrava, você

terá de pedir aos funcionários uma avaliação do comportamento e da personalidade dele.

Os cães se comportam de maneira diferente quando vivem em canis, mas você pode fazer algumas avaliações:
- Se o cão vem até a frente quando chamado, ele provavelmente é sociável e confiante, e será adequado a uma família. Se preferir ficar no fundo, talvez seja tímido e prefira uma casa sem crianças.
- Peça para vê-lo dando um passeio e observe sua reação. Se ele se debater quando lhe puserem a guia, talvez não esteja habituado a isso e precise de treino. Se ele aceitar a guia calmamente e caminhar tranqüilo, você pode supor que ele foi treinado e será menos problemático.
- Ele puxa ou reluta em andar? Os cães que puxam podem ser exaustivos, por isso talvez haja necessidade de treinamento e de um lar experiente.
- Como ele reage a outros cães? Os cães agressivos com os outros podem se adaptar a um novo lar, mas é melhor que o dono seja experiente e confiante.
- Ele se senta sob comando? Nesse caso, tem um nível básico de treinamento e o processo de readaptação será mais fácil.
- Ele gosta de ser afagado? Nesse caso, está acostumado ao contato humano e deverá se dar bem com uma família. Se não, pode precisar de socialização e de uma casa mais tranqüila, sem crianças.

> **Dica do cão feliz**
> Se você se apaixonar pela personalidade do seu cão, mais que por seu visual, é um sinal seguro de que seu relacionamento terá uma base excelente.

O caminho para casa

Deixar o abrigo e viajar em um carro estranho pode ser muito estressante para um cachorro. Tente fazer o trajeto mais calmo possível, colocando o cão em uma caixa de transporte ou no cinto de segurança para cães para que ele não seja sacudido durante o percurso. Borrifar o carro ou a caixa com DAP (veja pág. 34) e ouvir uma música clássica suave podem ajudar a diminuir a ansiedade dele.

Deixe tudo preparado antecipadamente e compre todos os artigos de que vai precisar, para que possa relaxar e desfrutar a companhia dele. Assim que estiver em casa, mantenha o cão na guia e leve-o à área do jardim onde você quer que ele faça as necessidades. Deixe-o andar ao redor e explorar o jardim durante alguns minutos antes de entrar na casa.

Quando entrarem, solte-o da guia e lhe dê bastante tempo para investigar sua nova casa, elogiando-o bastante, mas corrigindo-o delicadamente se ele fizer algo que você não quer, como saltar no sofá. Não tenha medo de estabelecer as regras da casa desde o início.

Instalações

Os primeiros dias de um cão abandonado em sua nova casa serão um pouco estressantes para ele, mas há muitas coisas que você pode fazer para deixá-lo mais à vontade, confiante e feliz.

Seja paciente, mas também coerente com as regras da casa que você quer que ele respeite. Se um membro da família permitir certo comportamento que outro repreende, vão confundir o cão, que já está nervoso.

Você provavelmente verá que se tornou muito popular com os vizinhos e amigos, que querem vir conhecer seu novo cão. Embora ele deva ser incentivado a socializar com várias pessoas diferentes, limite visitas nos dois primeiros dias para que ele não receba atenção demais.

> **Dica do cão feliz**
> Durante as primeiras semanas dê ao cão a mesma comida que ele consumia no abrigo, reduzindo assim o risco de ele ter problemas gástricos.

A primeira noite

Quando chegar a hora de dormir, leve o cão para fora para fazer as necessidades e depois tente colocá-lo na cama dele. O lugar será uma opção sua, mas leve em conta o passado e a personalidade dele quando decidir. Se você souber que antes ele dormia perto do dono e ele tem uma natureza tímida e delicada, talvez se adapte melhor se você colocar a cama dele no seu quarto ou perto da porta. Cachorros dominantes e agitados provavelmente ficarão melhor na cozinha à noite, mesmo que não gostem da sua decisão.

Seja firme e não volte para tranqüilizar o cão nem grite se ele latir, arranhar e uivar. Se você achar que ele precisa "ir ao banheiro", não fale com ele, simplesmente leve-o para fora na guia, espere até ele se aliviar e depois ponha-o de volta na cama dele. Com o tempo ele vai se habituar, e você poderá dormir em paz novamente.

Se você achar que seu cão vai arranhar a porta na primeira noite, proteja a madeira com um forro temporário de tapete ou uma lâmina de acrílico.

Rotina

Estabeleça assim que possível uma rotina regular para seu cão se alimentar, passear e dormir. Isso o ajudará a adaptar-se ao novo ambiente e o fará sentir-se seguro. Mesmo que você queira passar cada minuto perto dele, treine-o para passar cada vez mais tempo calma e tranqüilamente sozinho, para que não se torne dependente demais nem fique ansioso quando você não estiver na sala. Comece deixando-o só por cinco minutos e aos poucos por períodos mais longos.

Boas maneiras

Desde o início, insista para que o cão tenha boas maneiras perto de outras pessoas e animais. Se necessário, mantenha-o na guia quando tiver visitas e ofereça alguns petiscos ao cachorro, de modo que ele comece a associá-las a experiências positivas.

Incentive as crianças a entender que seu novo bicho não é um brinquedo, e nos primeiros dias peça a elas que deixem o cachorro se aproximar, e não o contrário. Pode ser difícil, especialmente com crianças pequenas, por isso supervisione-as constantemente e não as deixe sozinhas com o cachorro.

Treinamento doméstico

Alguns cães que passaram muito tempo num abrigo podem precisar reaprender a fazer as necessidades lá fora. Leve-o para fora da casa o máximo possível e passeie bastante com ele. Elogie-o com entusiasmo quando ele fizer no lugar certo.

Se ele tiver um "acidente", leve-o ao lugar aonde deve ir e limpe bem a outra área para desestimulá-lo a voltar lá.

O cão de trabalho aposentado

Se você acha que tem condições de dar um lar para um cão de trabalho rejeitado ou aposentado, poderá adquirir um amigo maravilhoso para a família. Por exemplo, cães-guias de deficientes visuais ou auditivos às vezes não passam nos testes rigorosos a que são submetidos, talvez porque se assustem com facilidade ou sejam apreensivos, mas isso não significa que não possam ser ótimos cães para uma família.

Os serviços militar e policial muitas vezes aposentam seus cães e procuram boas casas para eles, mas prepare-se para ser rigorosamente testado antes de ser aceito como um dono adequado.

Funções caninas

O leque de cães de trabalho inclui:
- Cães auxiliares para condutores deficientes físicos, como cães-guias para cegos e cães para deficientes auditivos.
- Cães de terapia (veja págs. 110-111).
- Cães de caça e sabujos.
- Cães farejadores de cadáver, que localizam mortos em locais de crimes ou desastres.
- Cães de resgate na montanha e na água.
- Cães farejadores, que ajudam a localizar, por exemplo, drogas em aeroportos, cupins em casas, câncer (cheirando o hálito de uma pessoa, cães treinados podem detectar câncer de pulmão e dos seios em estágios iniciais, às vezes muito antes que uma tomografia), ou advertir o condutor sobre a proximidade de uma crise epiléptica.
- Cães policiais, que ajudam a controlar multidões e deter criminosos.
- Cães pastores, que ajudam a controlar e movimentar gado.
- Cães de guarda e escolta.
- Cães de trenó.

Cães de trabalho em família

A criação de cães de trabalho resultou em animais muito inteligentes, resistentes e alertas. São muitas vezes atraentes em aparência e podem ser extremamente leais. Por isso, muitas raças de trabalho são procuradas como cães para a família. Mas os donos precisam ter pleno conhecimento dos níveis de companheirismo, exercício e estímulo que esses cães exigem para suprir suas necessidades. Os cães de trabalho são excelentes animais de estimação, mas para que sejam felizes os novos donos devem entender que eles precisam trabalhar. Os cães que não vão praticar as habilidades inatas da raça devem ser treinados desde muito pequenos, pois manterão seus instintos naturais de caçadores, pastores ou farejadores. Atividades como treinamento de obediência, *flyball*, *heelwork to music* e *agility*, competições e provas de trabalho são excelentes canais para essas raças vigorosas. Além disso, elas também vão precisar andar e se exercitar muito e interagir bastante com seus donos. Esses cães são, portanto, mais adequados a indivíduos e famílias fisicamente ativos.

Cães auxiliares aposentados

Os cães auxiliares, com o cão-guia de cegos ou de deficientes auditivos (cão-ouvinte), não vão trabalhar para sempre, pois com o tempo sua saúde e suas capacidades diminuem. A maioria deles se aposenta aos 8 ou 10 anos, e se o dono deficiente ou um membro da família não puder mantê-los, serão oferecidos para adoção.

Embora seja improvável que a ligação entre você e um desses cães seja tão forte quanto a que ele tinha com o dono deficiente, eles são sempre muito inteligentes e bem-treinados (alguns conhecem até 40 comandos verbais diferentes) e dão ótimos animais de estimação. Geralmente há uma longa lista de espera para adotar um cão desses, por isso contate a organização que treina os filhotes e coloque seu nome na lista.

Ex-corredores

Os greyhounds aposentados também podem ser excelentes cães para a família quando terminam sua carreira nas pistas, geralmente entre 4 e 6 anos. Eles são cães muito delicados e adaptáveis, mas é importante lembrar que é provável que eles tenham vivido em uma casa ou experimentado muito amor e atenção, por isso precisarão de sua paciência e talvez de mais treinamento. No entanto, é incrivelmente recompensador ver um greyhound florescer como animal de estimação feliz e amoroso.

Ao contrário do que se possa pensar, os greyhounds não precisam de muito exercício. Duas caminhadas de 20 minutos por dia são o ideal. Como esse cão foi treinado para perseguir uma isca mecânica, é aconselhável mantê-lo na guia, pois o instinto de caçar pode levá-lo a situações perigosas, como no trânsito – e, embora ele não seja mais propenso a perseguir gatos que outras raças, é mais provável que os apanhe! Contate criadores da raça para mais informações sobre a adoção desses cães adoráveis.

Dica do cão feliz
Não deixe que um cão de trabalho fique entediado ou desestimulado, pois ele pode desenvolver determinados comportamentos para tentar reduzir seus níveis de estresse. Ele pode latir constantemente, arranhar portas ou tentar escapar para encontrar diversão em outro lugar!

Oferecendo um porto seguro

Muitos cães de trabalho, como os border collies, são bastante sensíveis e apreciam um lugar sossegado onde possam se refugiar quando não estão trabalhando. Alguns cães pastores têm audição muito sensível e gostam de um buraco para se esconder quando há barulhos de tempestade, aspirador de pó ou muitas crianças gritando.

Como ajudar um cão deficiente

Se o seu cão desenvolver necessidades especiais, por causa de doença ou acidente, pode ser muito desagradável. No entanto, a boa notícia é que os cães enfrentam muito bem as deficiências. Eles têm uma capacidade incrível de se adaptar a situações e certamente podem nos ensinar muito sobre o valor de se esforçar para desfrutar a vida.

No que diz respeito a enfrentar dificuldades, os cães têm muitas vantagens, incluindo um incrível sentido de olfato que lhes permite se deslocar e reconhecer sua localização. Com um pouco de planejamento e alguns ajustes em casa, você pode dar uma vida feliz ao seu cão deficiente.

A cegueira
Os cães muitas vezes perdem a visão em idade avançada, e em geral é uma deterioração atribuída ao processo de envelhecimento. Alguns cães nascem cegos, e as pessoas ficam surpresas ao saber disso, pois eles vivem tão bem que não demonstram a deficiência. Outros cães perdem a visão de um ou de ambos os olhos por doença ou ferimento, e se adaptam muito rapidamente a essa condição. No entanto, há várias maneiras de você ajudá-lo:

- Mantenha os móveis no mesmo lugar, para que o cão aprenda a contorná-los.
- Considere aplicar essências de aromaterapia aos locais aonde você não quer que o cão vá. Cascalho ou areia podem funcionar como marcadores para áreas proibidas do jardim.
- Coloque as tigelas de comida e água em um lugar conhecido.
- Tente não intervir enquanto seu cão se adapta à cegueira. Incentive-o a ser independente.

PESQUISA
Estudos mostram que os cães podem ouvir sons de até 67 kHz, comparados com até 20 kHz para os seres humanos. No entanto, o espectro da sensibilidade é semelhante, o que significa que a audição dos cães pode ser testada com técnicas semelhantes às que são usadas para pessoas.

A surdez
Assim como nos seres humanos, a idade avançada pode causar perda de audição nos cachorros. No entanto, algumas raças têm maior tendência à surdez que outras; por exemplo, cerca de 22% dos dálmatas são afetados no Reino Unido, e até 30% nos EUA.

Mas é importante lembrar que um cão surdo perdeu apenas um dos sentidos. O segredo da boa comunicação é usar sinais visuais exagerados, como um aceno ou estender a mão à sua frente. Brinquedos e petiscos podem ajudar a manter o cão concentrado e devem ser usados como recompensa toda vez que ele reagir a sinais de mão.

Você pode comprar coleiras que vibram suavemente para chamar a atenção de seu cão, e também usar um *bip* para ajudar a encontrá-lo (ou você pode colocar um sino na coleira dele). No entanto, essas coleiras só funcionam em uma área limitada de aproximadamente 100 metros, por isso os sinais manuais são importantes.

Alguns donos usam uma pequena luz na mão, como um chaveiro com LED, para ajudar a treinar o cão. Ele vai aprender a reagir à luz que pisca do mesmo modo que um cão que ouve reage a um *clicker* (veja pág. 75).

Afinal, não há motivo para que, com paciência e bastante tempo, um cão surdo não possa ser treinado como outro com plena audição.

Problemas de mobilidade

Os cães geralmente enfrentam bem a perda (amputação cirúrgica) de um membro, seja devido a doença ou a ferimento. A perda de um membro anterior é mais difícil, pois os cães sustentam a maior parte do peso nesses membros. No entanto, poucos dias depois da cirurgia e quando o corte estiver cicatrizado a maioria dos cães se acostuma a caminhar com três patas. Semanas depois, geralmente, eles conseguirão correr e brincar com a mesma facilidade de seus amigos de quatro patas, e muitos donos dizem que certas pessoas ficam surpresas quando lhes dizem que o cão tem uma perna a menos,

pois não tinham notado redução alguma da mobilidade.

Em geral não há necessidade de limitar a quantidade de exercício, e quanto mais o cão se mexer melhor. Seu veterinário provavelmente o encaminhará para um fisioterapeuta canino qualificado, que trabalhará com o cão durante a convalescença e recomendará exercícios para ajudá-lo a recuperar as forças e a mobilidade. Sessões regulares de hidroterapia, em que o animal usa uma coleira peitoral para nadar em uma piscina aquecida, também podem ajudar, pois são um exercício sem peso que permite tonificar os músculos. A acupuntura também pode ser muito útil para reduzir a dor, aumentar a mobilidade e dar ao cão melhor qualidade de vida.

Os cães que perderam o uso de um ou mais membros mas não sentem dor e ainda podem desfrutar a vida vão se beneficiar de um carrinho especialmente desenvolvido para cães paraplégicos. Ele pode dar certa independência ao cão, que ficará mais à vontade do que se arrastando pelo chão.

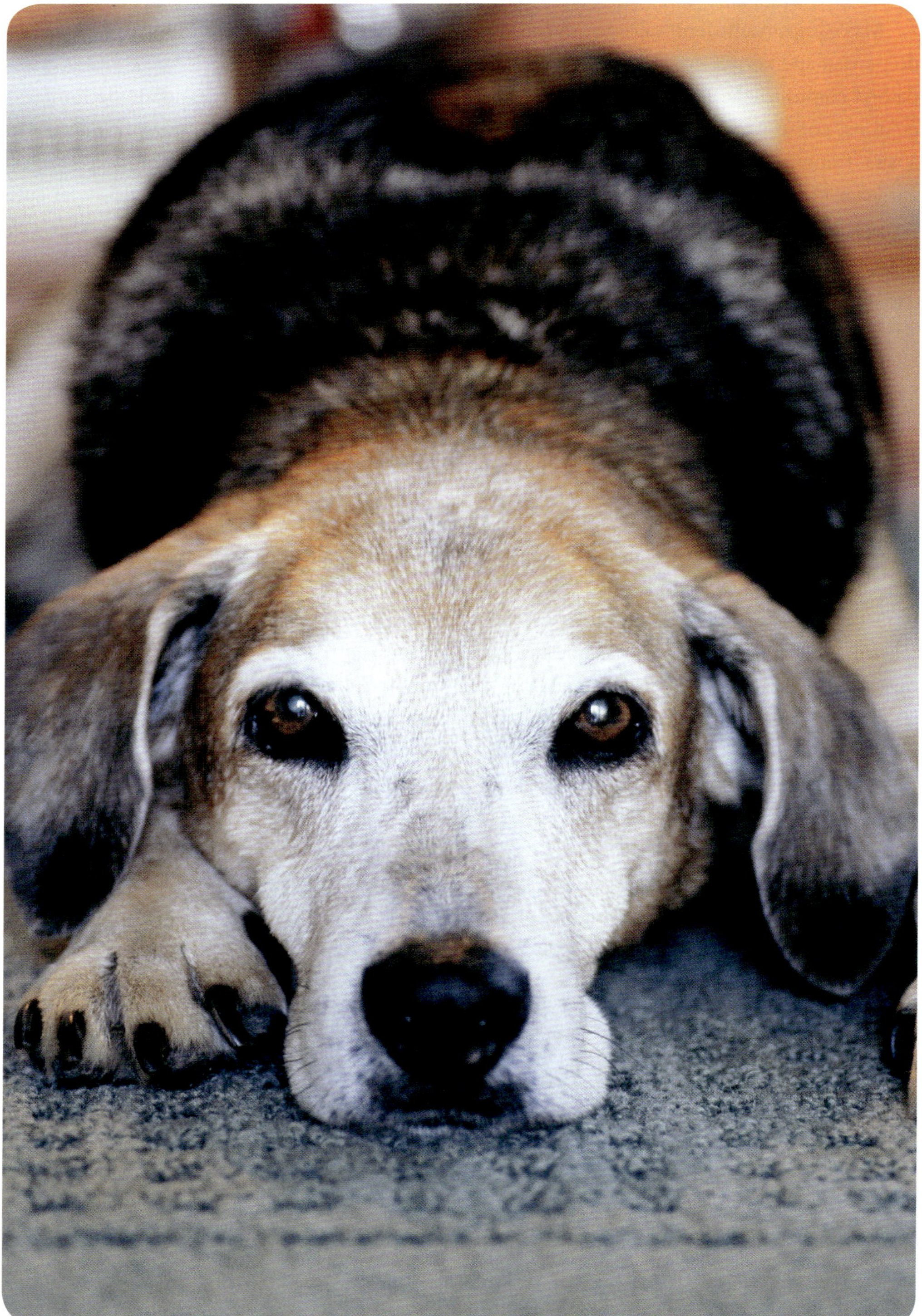

10 Felicidade na velhice

Nos últimos anos houve tantos avanços na medicina veterinária, na nutrição e na compreensão do comportamento animal, que hoje os cães vivem mais que nunca. Sua expectativa de vida média aumentou de 7 anos na década de 1930 para mais de 12 atualmente. A maioria dos cães é considerada idosa quando atinge o oitavo aniversário, mas muitos continuam vivendo por muito tempo, e as raças menores podem viver 20 anos ou mais.

A velhice não é uma doença, e se você ficar atento para potenciais problemas não há motivo para que seu cão idoso não seja muito feliz em seus últimos anos de vida. Este capítulo explica como cuidar do cão conforme ele envelhece, a começar pelos pontos abaixo:

Alimentação O sistema digestivo torna-se gradualmente menos eficaz na velhice, por isso uma boa nutrição é vital.

Cuidados bucais A limpeza regular, combinada com uma dieta sensata, pode ajudar a evitar problemas nos dentes e gengivas.

Exercícios "Poucos e freqüentes" é o segredo para manter as articulações flexíveis.

Escovação Os cães mais velhos podem precisar de mais ajuda para limpar-se. A escovação regular também é uma oportunidade para verificar se ele tem caroços ou machucados.

Vacinação e vermífugo A medicação com vermífugo deve continuar até o fim da vida do cão. Há uma polêmica sobre a necessidade de vacinação do cão idoso (veja pág. 153).

Geriatria

Veja se na sua clínica veterinária eles têm um atendimento especial para cães idosos. Seu cachorro será pesado e examinado, a pressão sanguínea e urina serão checados, e os dentes, olhos e ouvidos examinados. Você também deve pedir conselhos a especialistas sobre alimentação e problemas de comportamento.

A vida do cão idoso

Uma boa dieta, exercícios regulares e um ambiente livre de estresse irão ajudar o cão a ser feliz e melhorar sua qualidade de vida, mas é muito difícil prever quanto tempo ele vai viver. Dizem que os cães envelhecem 12 vezes mais depressa que os homens, o que significa que um cachorro de 18 meses equivale a uma pessoa de 18 anos – mas felizmente o processo fica mais lento depois dos primeiros anos.

A longevidade depende muito da raça, do porte e do histórico médico do cão. Em geral as raças menores tendem a viver mais que as maiores – a idade média para raças pequenas é 15 anos; para as maiores, 10 (às vezes menos, para raças gigantes).

Alterações físicas

Algumas mudanças relacionadas à idade são mais perceptíveis que outras, por isso é importante que o cão seja examinado regularmente pelo veterinário. As alterações mais comuns são:

Musculoesqueléticas A massa muscular diminui e podem surgir problemas dolorosos nas juntas como a artrite, que afeta a mobilidade e o comportamento.

Visão Muitos cães idosos desenvolvem catarata. Os olhos do cão tornam-se enevoados e ele tem dificuldade para enxergar.

Audição Alguns cães podem sentir as vibrações; por isso, se o seu perder a audição, tente bater os pés quando o chamar. Ele ficará mais vulnerável a acidentes de trânsito, por isso nas áreas urbanas mantenha-o na guia.

> **PESQUISA**
> Testes com drogas para doença de Parkinson em seres humanos mostraram-se úteis em alguns cães com problemas de comportamento causados por mudanças cognitivas relacionadas à idade, como andar em círculos, tremores, comportamentos compulsivos e vocalização inadequada.

Higiene Os cães que adquirem problemas renais podem urinar mais e começar a sujar a casa, o que é frustrante para os donos.

Obesidade Conforme o cão perder a mobilidade, poderá engordar. É importante controlar o peso para evitar que afete ainda mais a mobilidade e sobrecarregue os órgãos vitais.

Ficar grisalho

Assim como nas pessoas, a pigmentação dos pêlos do cão muda com a idade, e cães mais velhos desenvolvem pêlos brancos ou grisalhos, que aparecem primeiro na barba e depois se espalham pelo focinho e pela cabeça.

Desaceleração

Os donos de cães idosos notam que eles ficam gradualmente mais lentos: podem demorar mais para subir e descer escadas, relutar em saltar da cama ou caminhar devagar e correr menos.

Se você começar a notar esses sinais, não pressuponha que sejam conseqüências do envelhecimento. Consulte o veterinário, pois talvez haja um problema de saúde oculto que pode ser tratado facilmente, e o cão poderá rapidamente recuperar um pouco de juventude.

Comportamento

Alguns cães idosos tornam-se mais sociáveis com a idade, outros se transformam em verdadeiros chatos! Se seu cão sofrer uma mudança de personalidade total, não ache simplesmente que ele está ficando velho demais – peça ao veterinário para descartar possíveis doenças ou dores.

O cão poderá comer e beber menos ou mais. Verifique suas gengivas e dentes e peça ao veterinário para checar se não há modificações metabólicas.

Ele também poderá dormir mais, mas faça que se exercite para manter a mobilidade. Os cães com problemas de mobilidade não conseguem escapar facilmente de situações de estresse e podem morder ou rosnar, por isso nunca deixe crianças sozinhas com cães idosos.

Se você tem vários cães, e o cão idoso foi um "líder da matilha", é possível que os mais jovens contestem sua posição. Poderá haver algumas brigas até que isso seja resolvido. É melhor intervir o mínimo possível, a menos que haja brigas sérias e uma grande diferença de tamanho entre os cães, o que aumenta o risco de ferimentos. Se a situação não melhorar, busque o auxílio de um especialista em comportamento animal. Alguns cães idosos que foram "rebaixados" demoram um pouco a se adaptar à nova posição.

Se o cão não conseguir mais segui-lo de um lugar para outro, ele se sentirá isolado e deprimido. Veja nas págs. 148-149 dicas sobre como lidar com a situação.

Lar provisório

Infelizmente, os cães mais velhos nos abrigos são geralmente desprezados em favor dos filhotes. Muitos abrigos têm esquemas de apoio para tentar encontrar lares temporários para cães mais velhos até encontrar um dono. Os cachorros ficam muito mais felizes em um ambiente doméstico do que em um abrigo, e em geral se adaptam rápido. Se você estiver interessado em oferecer um lar provisório, contate o abrigo canino local e ofereça seus serviços.

Adapte a casa e a rotina

Há muitas coisas que você pode fazer para garantir que os últimos anos de seu cachorro sejam o mais agradáveis possível. Pequenas mudanças podem fazer uma enorme diferença para a qualidade de vida dele. Se você viveu com seu cão por vários anos, é a melhor autoridade para avaliar suas necessidades emocionais e físicas.

Compare o comportamento dele hoje com o do ano passado e avalie as mudanças. Haverá coisas que ele não consegue mais fazer, mas com esforço e imaginação você deverá encontrar algumas soluções criativas.

Camas e almofadas

Se o cão tem problemas de mobilidade e não consegue segui-lo pela casa como antes, ele poderá se sentir muito isolado e deprimido. Mudar sua cama diurna para uma área central da sala pode ajudar, tornando-o novamente uma parte da família.

Conforme a massa muscular do cão diminui, deitar-se numa superfície dura torna-se menos confortável. Colocar almofadas a mais e camas perto dos aquecedores por toda a casa é a solução perfeita.

Quente e frio

Cães idosos muitas vezes sentem mais frio, e o seu vai apreciar um casaco quando vocês saírem para passear. Se ele chegar do passeio molhado, seque-o bem e coloque um cobertor bem confortável na cama dele para aquecê-lo.

Alguns cães mais velhos não percebem que estão se superaquecendo, por isso examine-o cuidadosamente nos dias quentes. Não deixe que ele durma o dia inteiro ao sol numa varanda, e se ele estiver lá fora faça-o mudar para um lugar mais fresco ou dentro de casa quando o sol estiver no auge.

Os pêlos mais ralos ao redor das orelhas e no focinho tornam o cão idoso mais vulnerável a queimaduras de sol. Proteja a pele dele aplicando filtro solar canino nessas áreas.

Subidas

Cães idosos podem ter dificuldade para subir numa poltrona em que antes gostavam de dormir. Colocar uma caixa de madeira baixa ou um degrau ao lado dela o ajudará a subir e descer, e se você fizer o mesmo perto de uma janela ele poderá continuar se erguendo para olhar o mundo lá fora, como sempre fez.

Evitar escorregar
As alterações musculoesqueléticas podem tornar difícil para ele caminhar em superfícies duras e escorregadias como vinil, cerâmica ou madeira. Você pode ajudá-lo a se locomover colocando tapetes antiderrapantes pela casa.

Rotina
Um cão mais velho vai apreciar muito mais a vida se tiver uma rotina para se alimentar, para se exercitar e fazer suas necessidades. Mantenha esse sistema o máximo possível e evite mudar os móveis de lugar, especialmente se ele tiver problemas de visão.

> **Cuidado**
> Não castigue ou repreenda um cão idoso se ele fizer suas necessidades dentro de casa, pois talvez ele não tenha conseguido evitar. A função renal se deteriora em cães mais velhos, por isso peça conselhos ao veterinário. Seja paciente e tente pensar em maneiras de evitar o problema, como mantê-lo na guia para que você saiba quando ele precisa sair.

Seu cão poderá achar mais difícil enfrentar situações novas como uma mudança de casa ou uma enxurrada de visitas. Talvez seja melhor instalá-lo seguramente em seu cercado durante uma visita de crianças ruidosas ou quando realizar reformas na casa. No entanto, não esqueça que os cães são criaturas sociáveis e que ele não vai gostar de se sentir isolado da família por longos períodos.

Exercícios e alimentação

Essas duas áreas intimamente relacionadas podem fazer uma grande diferença sobre quanto tempo seu cão gozará plenamente a vida. Ele começará a ficar mais lento, e você terá de adaptar seus exercícios de acordo. Talvez você também precise pensar em mudar a dieta dele para suprir as novas necessidades nutricionais.

Quando o cão começar a desacelerar, você vai ter de lembrar que ele vai demorar mais para fazer coisas como se levantar e deitar, sair para passear e subir e descer do carro. Não se esqueça de lhe dar mais tempo para isso, e não se torne impaciente, o que poderá aborrecê-lo, nem tente empurrá-lo, o que poderá lhe causar desconforto físico.

Alimentação

Hoje existe uma grande variedade de alimentos secos e úmidos desenvolvidos especialmente para cães idosos. Mas só porque o cão envelheceu não significa necessariamente que você precise modificar sua dieta. Se ele estiver feliz e saudável, com o peso estável, por que fazer mudanças?

Com o tempo, porém, seu metabolismo provavelmente vai desacelerar, e se ele não estiver se exercitando muito deverá consumir menos calorias para evitar o acúmulo de peso. As fórmulas *light* para cães idosos foram desenvolvidas usando ingredientes que saciam a fome com um consumo menor de calorias. Além disso, o fígado e os rins do cão mais velho provavelmente ficarão menos eficientes e podem se beneficiar de uma dieta adequada.

Sua clínica veterinária é uma excelente fonte de informações e conselhos sobre como alimentar um cão mais velho, por isso não hesite em marcar uma consulta para saber quais os alimentos disponíveis e qual é o mais adequado à raça, ao porte e ao peso do seu cachorro.

Todo petisco que seu cão comer deve ser incluído no total de calorias que ele consome, por isso tente recompensá-lo com elogios e contato físico ou brincadeiras em vez de comida.

Cães mais velhos têm um sistema digestivo mais delicado e são vulneráveis a infecções bacterianas, por isso mantenha as tigelas de comida e água escrupulosamente limpas e troque a água com freqüência para reduzir os riscos.

Suplementos

Existe um enorme leque de suplementos alimentares que você pode comprar para seu cão idoso, mas consulte o veterinário antes. Os suplementos alimentares podem interferir no equilíbrio nutricional de algumas dietas, e você poderá desperdiçar dinheiro e até prejudicar o cachorro, em vez de beneficiá-lo. Os suplementos mais comuns são:

Glucosamina e condroitina Podem reduzir os sintomas dolorosos de doença degenerativa das articulações. A glucosamina é um açúcar natural produzido pelo corpo, que ajuda a estimular a produção de moléculas responsáveis pela saúde da cartilagem das juntas. A condroitina (de cartilagem de tubarão) atua em conjunto com a glucosamina para ajudar a recuperar a cartilagem.

Vitamina A Ajuda na formação dos ossos e no crescimento e na recuperação dos tecidos.

Vitamina B12 Acredita-se que aumente os níveis de energia e reforce o metabolismo.

Vitamina C Reforça o sistema imunológico.

Vitamina E Antioxidante que ajuda a proteger contra os radicais livres (moléculas instáveis que podem causar oxidação e danos às células). A fumaça de aviões, luz solar, fontes químicas e poluição podem criar radicais livres e acelerar o envelhecimento, aumentando o risco de doenças.

Ácidos graxos ômega 3 e 6 Componentes dos óleos de peixes, teriam propriedades antiinflamatórias.

Iúca Associada ao tratamento de reumatismo e artrite, a raiz é rica em substâncias que ajudariam o corpo a produzir cortisona natural.

> ### Refeições freqüentes
> Considere dar ao seu cão idoso três ou quatro refeições menores por dia, em vez de duas grandes. Isso impedirá que ele fique faminto entre as refeições e o incentivará a queimar calorias com mais eficácia ao longo do dia. Introduza as mudanças gradualmente.

Exercícios

Quando se trata de exercitar cães mais velhos, menos realmente é mais. Mesmo que seu cão não peça mais para passear, é importante levá-lo duas ou três vezes por dia. Quanto mais suave for o exercício, melhor para as articulações.

- Exercite o cão antes de alimentá-lo e espere meia hora para dar a refeição.
- Caminhe lentamente por cinco minutos para aquecer os músculos, mais rapidamente durante 15 a 20 minutos e então reduza o ritmo de novo por cinco minutos, para que ele esfrie. Evite correr com ele.
- Se o cão gosta de apanhar bola, brinque com ele, mas durante menos tempo e atirando a bola a distâncias mais curtas.
- Se ele demonstrar falta de ar ou fadiga extrema depois de caminhar, consulte o veterinário.

Dicas de saúde

Mesmo que seu cão tenha tido a sorte de gozar de boa saúde em suas fases de filhote e adulto, ele vai ficar mais vulnerável a doenças conforme envelhecer. Isso se deve simplesmente à deterioração natural de órgãos, ossos, pele e metabolismo.

Por exemplo, alguns cães podem ficar muito mais sensíveis ao som e, embora antes não se incomodassem com trovoadas, de repente desenvolvem um comportamento fóbico. Por outro lado, cães que perdem a audição às vezes não escutam mais sons assustadores como fogos de artifício e ficam tranqüilamente alheios ao que está acontecendo. No entanto, há algumas medidas preventivas que você pode tomar para ajudar a retardar e/ou aliviar alguns efeitos do processo de envelhecimento.

Pulgas e carrapatos

As mudanças na pele e no sistema imunológico do cão idoso podem torná-lo mais vulnerável a alergias a mordidas de pulgas e carrapatos. Faça um programa de controle rigoroso e constante. Os tratamentos antipulgas também ajudam a controlar os carrapatos.

- Comece usando em seu cão uma escova e um pente antipulgas várias vezes por dia para remover os ovos e as pulgas vivas.
- Peça orientação ao veterinário sobre o produto mais suave e eficaz para matar pulgas e interromper seu ciclo reprodutivo. O mais simples é pingar o conteúdo de uma pipeta no pescoço do cão uma vez por mês.
- Trate regularmente sua casa e seu carro contra infestação de pulgas com produtos encontrados em clínicas veterinárias ou *pet shops*.
- Evite tratamentos sobrepostos, como usar um xampu antipulgas, uma coleira e medicamentos de controle de pulgas, o que poderia sobrecarregar o organismo do cão e causar efeitos colaterais.

Dica do cão feliz

Evite colocar no cão idoso uma coleira antipulgas que vem embebida com inseticidas, pois ele pode estar mais sensível a efeitos colaterais. Em vez disso, se você tiver essa coleira, coloque-a no saco do aspirador de pó para matar as pulgas que forem aspiradas.

"Consulte o veterinário antes de dar qualquer remédio humano para o cão, pois alguns podem ser muito perigosos."

Vacinas

Peça a opinião do veterinário sobre a vacinação de cães mais velhos. Alguns veterinários são a favor da vacinação, porque acreditam que o sistema imunológico do cão idoso é menos eficaz e se ele contrair uma doença será mais difícil combatê-la. Outros consideram desnecessário vacinar um cão com mais de 10 anos, porque acham que o sistema imunológico pode estar comprometido e nessa idade os cães têm um nível suficiente de proteção. Afinal, vacinar ou não seu cachorro é uma opção sua.

Em todo caso, avanços recentes na ciência veterinária e vacinas mostraram que, com exceção da vacina anual contra raiva, o cachorro pode necessitar de vacinas de reforço somente a cada três anos.

Terapias complementares

Há muitas terapias complementares disponíveis, algumas das quais dizem curar uma série de problemas caninos. No entanto, além da acupuntura, há poucos dados científicos comprobatórios. Alguns veterinários oferecem terapias como homeopatia.

Florais de Bach São vendidos sem prescrição e contêm doses mínimas de extrato de plantas que ajudam a combater vários problemas emocionais e físicos. Alguns donos de cães relatam que o floral Rescue é útil para acalmar cães estressados.

Aromaterapia Esta terapia não-invasiva usa poderosos óleos essenciais extraídos de plantas como lavanda, rosa e gerânio. Os óleos são inalados ou absorvidos pelo cão ao lamber, e os praticantes afirmam que são benéficos para cães com problemas emocionais, físicos ou comportamentais.

Saiba o que é "normal" no cão

Se o cachorro estiver saudável, seus sinais vitais estarão dentro dos seguintes parâmetros:
Temperatura 37,5 a 39,3°C
Pulso 60-120 batimentos por minuto
Respiração 14-22 respirações por minuto
Se ele der sinais de doença e seu pulso, respiração e/ou temperatura estiverem fora desses padrões, consulte o veterinário.

Toque de Tellington Uma técnica suave desenvolvida nos EUA por Linda Tellington Jones envolve "toques" especiais, levantamento de pernas e outros movimentos destinados a liberar a tensão e aumentar a consciência corporal. Depois que um terapeuta lhe mostrar os movimentos, você poderá praticá-los em casa com seu cão.

Shiatsu Palavra japonesa que significa "pressão dos dedos". É um tratamento semelhante à acupuntura. Seus praticantes usam as mãos em vez de agulhas para pressionar e massagear o corpo do cão.

Finais felizes

Infelizmente, ninguém vive para sempre, mas saber disso não torna mais fácil perder um cachorro que era um amigo especial. É pouco provável que você perca um cão saudável sem nenhuma advertência, ou seja obrigado a tomar uma decisão repentina. Embora possa ser doloroso, passar algum tempo considerando o que você e sua família gostariam que acontecesse se seu cão ficar velho ou doente demais para desfrutar a vida pode aliviar esse fardo mais tarde.

Você fez o possível para garantir que seu cão tivesse uma vida feliz, e a última coisa que pode fazer por ele é garantir que tenha um final feliz e pacífico.

Eutanásia

Às vezes chamada de "sacrifício", a eutanásia é o que os veterinários fazem quando um animal de estimação está sofrendo demais ou tem muito pouca qualidade de vida. Você provavelmente saberá quando esse momento se aproximar, mas a maioria dos donos retarda a decisão o máximo possível, esperando que a natureza siga seu curso. Embora seu veterinário possa opinar e lhe explicar a situação, a decisão final será sua.

Tente envolver toda a família na decisão, incluindo as crianças. Essa provavelmente será a primeira experiência delas com a morte e a dor, por isso, quanto mais estiverem envolvidas na decisão, mais fácil será aceitar o fato. Muitas vezes as crianças são flexíveis e pragmáticas e conseguem aceitar a situação mais rapidamente que os adultos da família.

Qual é o momento certo?

Você não precisa se sentir culpado ao tomar a difícil decisão de mandar "sacrificar" seu cão. Depois de tudo o que você fez para lhe dar uma vida feliz, seu último ato de bondade pode ser ajudar a pôr fim ao seu sofrimento e lhe dar uma morte tranquila.

Às vezes a decisão pode ser muito simples – como, por exemplo, se o cão ficou paralisado num acidente de trânsito –, mas em outras a decisão é mais complexa e depende de seu relacionamento com o cachorro, como você vê a qualidade de vida dele e o que você considera a melhor opção para ele.

Para ajudá-lo a decidir, aqui estão algumas situações a levar em conta e, se você ainda estiver indeciso, o veterinário poderá lhe dar uma opinião profissional e franca. Considere a eutanásia se o cão:
- Sofrer dores constantes.
- Estiver cego e surdo e sentir sérias dificuldades.
- Não conseguir comer ou beber.
- Não conseguir se levantar nem se movimentar.
- Tiver falência de órgãos.
- Tiver incontinência.
- Você não tiver condições de cuidar dele.

Dica do cão feliz
Se o cão estiver extremamente nervoso, você pode deixá-lo calmo e feliz dando-lhe um tranqüilizante antes da chegada do veterinário ou da ida à clínica.

O que vai acontecer?
Antes de você marcar a consulta, decida o que quer que aconteça com o corpo do animal.
- Se você quiser enterrá-lo no jardim, verifique com as autoridades locais se é permitido e, antes da consulta, cave um buraco de pelo menos 60 cm de profundidade. Talvez você não tenha disposição para isso após o evento.
- Se você preferir que seu cão seja cremado, fale com o veterinário, especialmente se quiser que as cinzas sejam devolvidas.
- Se seu cão for enterrado num cemitério de animais, depois de marcar a consulta você deve informar à empresa quando poderá apanhá-lo.
- Se você não tiver ânimo para lidar com o corpo do cão, pode pedir ao veterinário que se encarregue do "funeral".

Você pode combinar que o veterinário venha à sua casa, ou marcar uma hora para ir até a clínica, onde há todas as instalações necessárias.

Considere se você se sente forte o suficiente para segurar o cachorro durante essa última visita. Não se sinta culpado se não quiser: muita gente acha triste demais e teme que, se chorar, o cão ficará perturbado. No entanto, se você ficar calmo e o segurar durante o processo, sem dúvida será uma presença reconfortante.

O veterinário vai raspar os pêlos de uma pequena área no membro anterior do cachorro e injetará uma superdose fatal de remédio (geralmente um barbitúrico, pentabarbitone) que é semelhante a um anestésico potente. Em poucos segundos o cão vai dormir e pouco depois seu coração vai parar de bater e sua respiração cessará. Poderá haver um soluço quando seu corpo se descontrair, e às vezes isso o faz esvaziar os intestinos e a bexiga.

Fique tranqüilo, a eutanásia é um procedimento rápido e totalmente indolor. Seu cão vai simplesmente cair num sono profundo e não acordará mais.

Memórias felizes

Quando a dor, a tristeza e, às vezes, a raiva iniciais pela perda do cão tiverem passado, aos poucos você começará a pensar em todos os momentos felizes que viveram juntos. Há muitas maneiras de celebrar a vida de seu cão e o amigo especial que ele foi para você.

Adotando medidas positivas nesse sentido, você marcará o fim do seu luto e começará a seguir adiante, como seu cão gostaria que você fizesse.

O luto dos donos

Não há dúvida de que você ficará terrivelmente triste quando seu cão morrer, seja por causas naturais ou por meio de eutanásia. O período de tempo em que cada pessoa fica de luto varia.

Pesquisas sobre o luto revelam que há várias etapas distintas nesse processo. É preciso experimentar cada etapa antes de passar à seguinte e afinal superar a perda. As fases do luto são:

Perda prevista Especialmente após uma longa doença ou eutanásia. Os donos começam a se despedir de seus cães e podem começar a se desligar emocionalmente, preparando-se para a morte deles.

Choque e negação Muitas vezes sentidos logo após a morte, podem ser acompanhados de um sentimento inicial de alívio, especialmente se o cão já estava sofrendo havia algum tempo.

Dor emocional e sofrimento Estas são as fases intermediárias do luto, e quando há maior probabilidade de você se sentir choroso e perturbado.

Recuperação Finalmente, os donos começam a aceitar a situação e a se confortar lembrando a vida e a morte do cão.

Não apresse o processo – apenas aceite que você vai ficar triste e tente ficar perto de pessoas que lhe permitam falar sobre seu cachorro e chorar, sem que você se sinta tolo ou culpado.

Infelizmente, algumas pessoas ficam emocionalmente travadas em uma das fases, e aí o aconselhamento profissional pode ser muito útil.

Quando você se sentir melhor (o que pode levar vários meses), talvez se considere capaz de ajudar, com a sua experiência, alguém que acaba de perder um animal de estimação e está sofrendo.

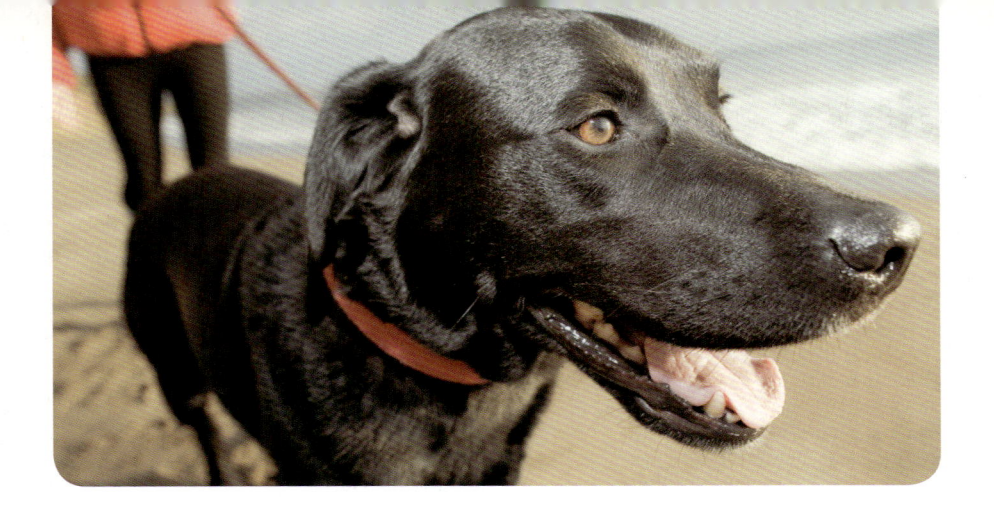

O luto dos cães

Há evidências de que alguns cães parecem ficar de luto quando perdem um companheiro, talvez se retraindo, perdendo o apetite ou tendo padrões de sono inconstantes. Não está claro se o cão reage à dor do próprio dono, à perda de um amigo ou a uma combinação dos dois, mas seja como for é importante não dar atenção excessiva a qualquer mudança de comportamento, pois isso reforçaria e prolongaria o problema. Tente não falar com o cão constantemente ou lhe dar atenção demais. Você pode ajudar o animal mantendo sua rotina habitual o máximo possível.

Com o tempo, as coisas voltarão ao normal. Se o cão que morreu tinha uma personalidade muito dominante, o cão que ficou pode até gostar de sua nova posição na casa e tornar-se muito mais extrovertido.

Lembranças

Há muitas maneiras de você lembrar seu cachorro. Aqui estão algumas que você poderá considerar para fazê-lo sorrir de novo:

- Emoldure a foto favorita de seu cão.
- Faça uma colagem de fotos.
- Peça a seus filhos que escrevam um poema ou façam um caderno de recortes sobre o cão.
- Plante uma rosa no jardim, no lugar favorito dele.
- Crie um canto para reflexão silenciosa; pode ser dentro ou fora de casa, desde que seja um lugar aonde você pode ir para pensar na vida que levaram juntos.
- Encomende uma placa ou uma urna gravada para as cinzas do seu cão.
- Seja criativo e componha uma canção ou uma história engraçada sobre as aventuras e confusões em que ele se metia.

Seguindo em frente

Quando tiver passado o tempo necessário e você se sentir mais forte, poderá decidir que seus dias são muito vazios sem um cachorro para amar e com que se divertir. Talvez comece a pensar que está pronto para encher de alegria a vida de outro cão. Embora o novo animal jamais substitua o amigo que se foi, ele vai lhe trazer uma felicidade diferente e o ajudará a formar novas lembranças felizes. Pense nisso como uma maneira de reinvestir o amor que dava ao seu velho amigo. Só você saberá em seu coração quando é a hora, mas em geral é quando consegue pensar em seu cachorro e sorrir, em vez de chorar.

Índice

abrigo 9, 14-15
abrigo, cães de 136-9
aditivos 89
agility 19, 47, 67, 103, 104-5
agressão, agressividade 16, 17, 18, 27, 28, 31, 39, 116
água 9, 11, 87, 121, 125, 127, 129
alimentação 10, 86, 145, 150-51
ambiente 35, 38
ameaçador, comportamento 27, 29
animais de estimação, outros 116-17
ansiedade 27, 29, 32-5, 114, 119, 125, 138; separação 59, 133
apartamento, morando em 39, 46
areia, caixas de 35
assustadoras, situações; feliz estada 130-31; férias felizes 128-9; fobia a veterinário 114-15; fogos de artifício e trovoadas 118-19, 152; mudança feliz 124-5; o ciúme do bebê 122-3; outros animais 116-17; porto seguro 120-21; que tristeza! 132-3; viagem feliz 126-7
bancos de carro, proteção para 51
banho 65
bebês 122-3
boca 94-5; expressões 26-7
brincadeiras 12, 13, 37, 63, 73, 101, 121
brincar 12, 13, 22, 23, 59, 100-101
brinquedos 13, 15, 19, 23, 37, 51, 55, 73, 100-101, 103, 113, 115, 121, 124, 125, 127, 129, 131
bucais, cuidados 94-5, 145
cães auxiliares 110-111
cães de guarda 51, 127
caixa de areia 35
caixa de transporte para cães 15, 51, 55, 57, 117, 125, 149; treinamento 120-21
caixa de transporte, cercado para filhotes 15
caixa de transporte, cercados 45, 56, 125, 127, 129
camas para cães 37, 50, 51, 55, 56, 57, 129, 131, 148
canis 14, 15, 51, 117
carrapatos 152
carros 15, 126-7
casacos para cães 51, 148
castração 17, 32, 33, 35, 60-61, 116, 135
cegueira 142-3, 146
cercados 15, 131
check-up anual 21
cinomose 21
círculos, trabalho em 82
clicker, treinamento com 19, 22, 29, 51, 67, 73, 75, 100
"cobertor tranqüilizador" 56
coleira/focinheira 82
coleiras 50, 51, 73, 108, 152

comida 9, 10-11, 39, 59, 84-97; a "boca feliz" 94-5; cães abandonados 136; cães mais velhos 150-51; cão gordo não é feliz 96-7; comida, gloriosa comida! 86-7; de mais ou de menos? 92-3; proteção 62; que delícia! 90-91; recusa 132, 133; suplementos e aditivos 88-9
como falar "cachorrês" 25; abanar o rabo 30-31; contato visual 28-9; demarcar território 32-3; expressões de boca 26-7; seu cão está infeliz? 34-5
companhia 9, 38, 46
contato visual 28-9, 55, 59
creche 131
cuidadores provisórios 147
curiosidade 27, 31, 37, 122, 123, 135
deficientes, cães 142-3
demarcar território 32-3, 103, 116
dentes 94-5, 145
dependência excessiva 18, 34, 59
desaparecidos, cães 135
desidratação 11, 14, 15
desmame 85
despesas 20, 39, 43
destrutivo, comportamento 12, 18
elogios 22, 23, 33, 52, 57, 70, 73, 123, 125, 133, 137
enjôo em viagens 125, 126, 127
escolha de um cão feliz 37; com *pedigree* ou vira-lata? 42-3; manutenção fácil ou complexa? 40-41; primeiras considerações 38-9; seu cão ideal 46-7; um ou dois cachorros? 44-5;
escovação 9, 37, 40, 41, 46, 51, 59, 64, 65, 145
especialistas em comportamento animal 16, 147
esteiras-rolantes 13
estímulo 18-19, 35, 37, 38, 67, 74, 110
estresse 116, 118; sinais de 113
eutanásia 154-5, 156
excesso de peso 12, 37, 61, 96-7, 145
exercícios 9, 12-13, 35, 37, 38, 41, 96, 97, 99; *agility* 104-5; ao seu dispor 110-111; cães mais velhos 145, 150, 151; *flyball* 106-7; *heelwork to music* 108-9; hotéis para cães 131; passeios 102-3; vamos brincar! 100-101
exposições caninas 19
fácil manutenção, raças de 40, 41
família 19, 37, 46, 103, 122-3, 137, 149
felicidade essencial 9
férias 128-9
feromônio tranqüilizador de cães (DAP) 34, 115, 119, 124, 126
filhotes; alimentos 85, 87; a vida ao ar livre 52-3; bom comportamento 62-3; cão mimado 64-5; castração 60-61; chegada feliz 50-51; contato visual 9; crianças e filhotes 54-5; exercício 13; primeira noite, nervosismo 56-7; regras da casa 58-9; rotina 59; treinamento doméstico 38
filtro solar para cães 129, 148
fisioterapeutas de animais 143
flyball 47, 106-7
fogos de artifício 118-19, 152

gatos 117
genealógica, árvore 42, 43
grama, comer 89
guias 51, 62, 82, 83, 117, 137, 138, 139, 141, 149
heelwork to music 19, 47, 108-9
hepatite 21
hidroterapia 19, 143
higiene *ver* treinamento doméstico
higiênica, pá/sacos 51, 103, 129
hotéis para cães 130-31
identificação, placas de 51, 124
idoso, cão 13, 38, 58, 78, 144-57; adapte sua casa e rotina 148-9; exercício e alimentação 150-51; finais felizes 154-5; geriatria 145; memórias felizes 156-7; saúde, dicas de 152-3; vida do cão idoso 146-7
infeliz, cão 34-5, 37, 38
insegurança 27, 31
insolação 14, 15
latir 16, 18, 34, 35, 39, 63, 127
leptospirose 21
linguagem *ver* "como falar cachorrês"
lobos 17, 29, 132
luto 35, 132-3, 156-7
manutenção complexa, raças de 40, 41
massagem 65
matilha, animais de 9, 16, 17; líder da 16, 17, 58, 67, 117, 123, 147
medo 29, 31, 68, 113; *ver também* situações amedrontadoras
memórias 157
mestiços 38, 42, 63
microchips 20, 21, 124, 129, 135
mobilidade, problemas de 143, 147, 148
morder 27, 59, 63
mudança de casa 124
música 15, 108, 109
nadar 19, 129, 143
nutrientes 9, 10, 11, 87
obediência, treinamento de *ver* treinamento
ocupados, donos 15, 37, 45
os 10 mais 41
parasitas 21, 53
parvovirose 21
passaporte canino 129
passeios 12, 13, 19, 37, 45, 46, 55, 99, 102-3, 113, 133, 137, 151
Pavlov, cães de 22
pedigree 42, 43
peitoral 82, 125, 127, 143
perigos fora de casa 53
petiscos 15, 19, 22, 23, 29, 35, 37, 55, 62-3, 70, 73, 75, 90-91, 96, 97, 10, 113, 115, 127, 129, 131, 139

porte do cão 41, 46, 47
portões para cães 45, 57
preocupação 27, 31
problemas de gengivas 94
pulgas 21, 65, 152
rabo, abanar o 30-31
rabo cortado 31
raças, clubes de 43
raiva 21, 129
recompensas 19, 22-3, 29, 37, 63, 67, 73, 75, 96
regras da casa 17, 58-9, 137
relacionamentos 16-17, 132-3
rosnado 26, 34, 62
rotina 9, 37, 59, 67, 73, 99, 125, 139, 149
saltando 62-3
saúde, problemas de 21, 43, 60, 61
sinais vitais 153
sobrevivência básica 9
socialização 9, 19, 34, 45, 55, 68-9, 73, 114, 116, 120, 123, 137, 138
sono, privação de 113
sorridentes, cães 27
superaquecimento 99
suplementos 89, 151
surdez 143, 146
tédio 18, 35, 37, 102
temperatura 15, 35, 148
terapia, cães de 110-111
terapias complementares 153
teste genético 20
tigelas 51, 55, 85, 124, 127, 129
tosse de canil (traqueobronquite infecciosa) 21
toy, raças 13, 38, 41, 75
trabalho, cães de 13, 15, 18, 37, 47, 103; aposentados 140-41
trânsito, familiaridade com o 82
treinamento; básico de obediência 74-5; caminhar junto 80-1; "em pé" e "deita" 78-9; encontre um treinador, 72-3; feliz e sociável 68-9; obediência 17, 39, 51, 59, 103; "senta" e "fica" 76-7; siga o líder 82-3; treinamento doméstico 39, 52, 57, 59, 70-71, 121, 125, 137, 138
treinar novamente 137, 139
trilha de odores no jardim 35
trovoadas 118-19, 141, 152
truques 19, 35, 75
vacinas 20, 21, 43, 52, 69, 122, 129, 145, 153
velhos *ver* idosos, cães
vermes, vermífugos 21, 122, 145
veterinário, contas de 38, 39, 61
veterinários, tratamentos 9, 20-21, 37, 114-15
viagens 124-5, 126-7
vira-latas 42, 43

Agradecimentos

Ao longo dos anos, muitas pessoas inteligentes e informadas foram generosas com seu tempo e me ajudaram a aprender a cuidar dos animais com os quais compartilhamos nossas vidas. Sem essas pessoas (são muitas para citar cada uma, mas vocês sabem quem são), eu não teria a confiança e a determinação para escrever este livro. Um agradecimento especial a minha querida filha Madeline Joy, cujo amor incondicional sempre me ampara. Agradeço também ao pai dela, William Mark Lainchbury, BSc, MRCVS, pelo apoio técnico, aconselhamento veterinário e incentivo pessoal. E a Pepe, o pequeno yorkshire terrier que viajou pela vida comigo por tanto tempo e me deu uma grande alegria e felicidade. Muito obrigada a todos.

Editor-executivo Trevor Davies
Editoras Alice Bowden, Lisa John
Editor-executivo de arte Darren Southern
Designer Maggie Town, One2Six Creative
Gerente do banco de imagens Jennifer Veall
Controlador sênior de produção Martin Croshaw

Créditos das fotos

Alamy /Thorsten Eckert 155; /Jack Sullivan 143.
Ardea /John Daniels 127, 150; /Jean Michel Labat 31, 147.
Corbis UK Ltd 85, 123, 144; / George Disario 59; /Larry Hirshowitz 30; /Christian Liepe 134; /LWA-Dann Tardiff 115; /Markus Moellenberg 4; /Star Ledger/Christopher Barth 1, 130; /Randy M. Urg 103; /Larry Williams 20; /Zefa/Markus Botzek 75.
DK Images /Tim Ridley 80, 81.
Getty Images 56; /Birgid Alliq 131; /Mojgan Azimi 112; /John W. Banagan 139; /Adri Berger 97; /Christopher Bissell 114; /Blue Line Pictures 133; /Paul Bricknell 51; /Peter Cade 76, 157; /Stewart Charles Cohen Photography 53; /Jim Cooper 16; /Jim Craigmyle 140; /Tarig Dajani 36; /Robert Daly 86; /Peter Dazeley 22; /Nick Dolding 26; /Patricia Doyle 29, 60, 124; /Jerry Driendl 73; /Richard Drury 83; /Safia Fatimi 142; /Brian Fogarty 87; /Pam Francis 52; /John Giustina 100; /GK & Vikki Hart 7, 34, 88, 92, 117; /Paul Harris 33; /Collin Hawkins 27; /Frank Herholdt 102; /Sean Justice 101; /Ashley Karyl 118; /Kathi Lamm 10; /Tony Latham 151; /Bruce Laurance 58; /Lecorre Productions 125; /G & M David de Lossy 110, 138; /Steve Lyne 15; /Silvestre Machado 95; /Robert Manella 137; /Kaz Mori 94; /Jean Moss 89; /Sean Murphy 111; /Neo Vision 2, 8, 48, 57, 156; /Daly & Newton 129; /Diane Padys 120; /Barbara Peacock 128; /Petrography 79, 132; /Plant 98; /Gary Randall 13; /Lisa M. Robinson 119; /Jo Sax 12, 42; /Steve Shott 77, 149; /Jeffrey Sylvester 14, 96; /Paul Viant 122; /David Ward 105.
Octopus Publishing Group Limited 19, 64, 65; /Stephen Conroy 90, 91; /Janeanne Gilchrist 108-109; /Steve Gorton 18, 24, 43, 50, 54, 55, 66, 68, 72, 93; /Rosie Hyde 23, 35, 69, 116; /Rav Moller 40, 41, 46, 47; /John Moss 152; /Angus Murray 11, 32, 44, 51, 71, 74, 104, 121, 126; /Tim Ridley 136, 154; /Russell Sadur 148, 153.
Photodisc 17, 28, 38, 39.
Victor Steel Photography 107.
Warren Photographic 1, 62, 63.
Fotos das capas: **Alamy** contracapa em cima; **Getty Images/ Neo Vision** capa; **PhotoDisc** contracapa embaixo

Como fazer seu cachorro feliz foi impresso em São Paulo/SP pela IBEP Gráfica, para a Larousse do Brasil, em fevereiro de 2008.